Graça Abundante
ao principal dos pecadores

B942g Bunyan, John, 1628-1688.
Graça abundante ao principal dos pecadores / John Bunyan – São José dos Campos, SP : Fiel, 2012.

168 p. ; 21cm.
Tradução de: Grace abounding to the chief of sinners.
ISBN 9788581320120

1. Bunyan, John, 1628-1688. 2. Puritanos – Inglaterra – Biografia. 3. Biografia cristã – Inglaterra. I. Título.

CDD: 828/.407

Catalogação na publicação: Mariana C. de Melo – CRB07/6477

Graça Abundante ao Principal dos Pecadores –
Uma autobiografia de John Bunyan
Traduzido do original em inglês Grace Abounding to the Chief of Sinners por John Bunyan
© Evangelical Press

Publicado originalmente em 1666.

Esta versão foi traduzida a partir da edição publicada em 2000 por Evangelical Press - Faverdale North Industrial Estate, Darlington DL3 0PH England

∎

Copyright©2006 Editora Fiel.
1ª Edição em português: 2012

Todos os direitos em língua portuguesa reservados por Editora Fiel da Missão Evangélica Literária

Proibida a reprodução deste livro por quaisquer meios, sem a permissão escrita dos editores, salvo em breves citações, com indicação da fonte.

∎

Diretor: Tiago J. Santos Filho
Editor: Tiago J. Santos Filho
Tradução: Laura Macal Lopez
Revisão: Francisco Wellington Ferreira, Ana Paula Eusébio Pereira, James Richard Denham Jr.
Diagramação: Rubner Durais
Capa: Rubner Durais
ISBN: 978-85-8132-012-0

Fiel Editora

Caixa Postal 1601
CEP: 12230-971
São José dos Campos, SP
PABX: (12) 3919-9999
www.editorafiel.com.br

SUMÁRIO

Introdução – John Bunyan (1628-1688) por Michael Haykin 7

1 – Os primeiros anos 17

2 – Despertado o interesse pela religião 23

3 – As primeiras inquietações da alma 31

4 – Atormentado pelo pecado e por Satanás 41

5 – Intensificados os ataques de Satanás 55

6 – A graça de Deus e a fúria de Satanás 67

7 – A agonia do coração e da mente 81

8 – O triunfo da graça 95

9 – A bênção e o benefício da aflição 117

10 – Um pregador da Palavra 129

11 – Um prisioneiro por amor ao evangelho 145

Conclusão 155

Epílogo 159

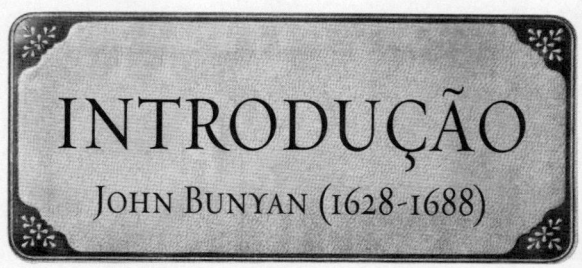

INTRODUÇÃO
JOHN BUNYAN (1628-1688)

"Frequentemente me sentia como se estivesse na forca, com uma corda ao redor do pescoço." Era assim que, mais tarde, John Bunyan recordava a possibilidade de sua morte por enforcamento, enquanto permanecia numa fria cela de prisão durante os anos 1660. Sua recusa em desistir do chamado de Deus, para ser evangelista e pregador, o conduziu ao aprisionamento em 1660, com um subsequente encarceramento por doze longos anos, durante os quais ele poderia enfrentar uma possível sentença de morte por enforcamento.

Quando John Newton (1725-1807), o famoso líder evangélico do século seguinte e autor do famoso hino *Graça Eterna*, refletiu sobre este período extremamente difícil na vida de Bunyan, observou: "O Senhor tem razões, muito além de nossa compreensão, para abrir uma imensa porta, enquanto fecha a boca de um pregador útil. John Bunyan não teria realizado a metade do bem que fez, se tivesse continuado a pregar em Bedford, em vez de ficar calado na prisão desta cidade".[1] O que Newton provavelmente tinha em mente eram os dois clássicos evangélicos escritos por Bunyan, como resultado de seu aprisionamento, de 1660 a 1672 — ou seja, o relato de sua conversão, intitulado *Graça Abundante ao Principal dos Pecadores* (1666), do qual este livro é uma apresentação moderna, e *O Peregrino* (1678 e 1684). Através dos séculos, a visão contida nesses dois livros tem alimentado crentes e os tem encorajado em sua peregrinação cristã. Mas como foi exatamente que Bunyan veio a ser preso?

OS PRIMEIROS ANOS DE BUNYAN

Bunyan nasceu no vilarejo de Elstow, no condado de Bedford, em 1628, e cresceu nesse ambiente rural. Foi à escola até à idade de nove ou dez anos; e isso foi o suficiente para ele aprender a ler e a escrever. Tirado da escola por seus pais, quando ainda era menino, seguiu a profissão de seu pai como "latoeiro", isto é, consertador de vasilhas e panelas velhas. Contudo, muito de seu tempo, nos anos de adolescência, foram gastos, como ele mesmo admitiu, em desordem e rebeldia.

Quando tinha dezesseis anos de idade, sua mãe faleceu, e seu pai casou-se novamente no mesmo ano. Talvez isto tenha antecipado a sua decisão de abandonar o lar e tomar parte na Guerra Civil que estava transtornando a sociedade britânica. O conflito entre o rei Charles I e seu Parlamento se originara por motivos religiosos e causou destruição desde 1642 até 1651. Aqueles que se opunham ao rei faziam-no pela causa da liberdade religiosa. A vitória do Parlamento, em 1651, e o subseqüente decreto de Oliver Cromwell (1599-1658) trouxeram à Inglaterra e ao País de Gales a maior liberdade religiosa que se conhecia até aquele momento.

O quanto Bunyan realmente presenciou na guerra é um assunto de debate entre os estudiosos. Nenhuma batalha significativa era travada próximo a Newport Pagnell, onde ele estava posicionado. Bunyan não se refere a nenhum conflito militar específico. Mas o realismo das cenas de combate em suas alegorias posteriores, como *The Holy War* (A Guerra Santa – 1682), levou alguns eruditos a pensar que Bunyan viu, de fato, alguma batalha. Bunyan menciona em *Graça Abundante ao Principal dos Pecadores* que tinha de ir a um cerco, para o qual havia sido designado como sentinela. Outro soldado perguntou se poderia ir em seu lugar. Não sabemos por que, mas Bunyan trocou de lugar com ele. Naquela mesma noite o homem foi baleado na cabeça e morreu. Anos depois, Bunyan recordaria esse livramento providencial como uma das misericórdias de Deus demonstradas a ele, mesmo quando ainda era inimigo de Cristo.

Dispensado do exército no fim dos anos 1640, retornou ao lar em Elstow, para casar-se, estabelecer-se e continuar seu trabalho como latoeiro.

Bunyan casou-se duas vezes. Sua primeira esposa, que faleceu em 1658, uma moça pobre como ele, trouxe-lhe um simples dote de dois livros sobre a piedade puritana, popular naqueles dias: *The Plain Man's Pathway to Heaven* (O Caminho de um Homem ao Céu – 1601), de Arthur Dent, e *The Practice of Piety* (A Prática da Piedade – 1612), de Lewis Bayly. A história não registrou o nome de sua primeira esposa. Quatro filhos nasceram deste casamento, incluindo uma filha cega, Mary. O dote de sua primeira esposa, os dois livros puritanos, talvez tenham encorajado Bunyan a tentar ser religioso. Entretanto, durante o início dos anos 1650, ele foi levado a compreender que toda religião no mundo em nada contribui para estabelecer paz entre o homem e Deus, se Cristo estiver ausente do coração. Bunyan passou por um longo período de profundo tormento espiritual, o qual, mais tarde, ele registrou em *Graça Abundante ao Principal dos Pecadores*, escrevendo posteriormente: "Eu estava sob grande senso de condenação e temia que, em razão de meus pecados, minha alma fosse deixada fora da glória eterna".

Por volta de 1653 ou 1654, Bunyan chegou à época de sua vida em que sabia, por experiência própria, que Cristo havia assumido a total responsabilidade por seus pecados, na cruz, e que agora possuía a perfeita justiça dEle, pela fé. Bunyan escreveu a respeito de sua conversão: "Senti em minha alma uma convicção interior de que a justiça do Senhor está no céu, juntamente com o esplendor e o brilho do Espírito da graça em minha alma, que me fez ver claramente que a justiça por meio da qual eu seria justificado (de tudo que me poderia condenar) era o Filho de Deus, que, em sua própria Pessoa, agora sentado à destra de seu Pai, me representava completamente diante do trono de misericórdia".[2] Bunyan foi batizado e uniu-se ao que é provavelmente mais bem descrito como membresia de uma igreja batista calvinista, em Bedford, pastoreada por um ex-oficial monarquista, chamado John Gifford (morto em 1655). Logo Bunyan era chamado a falar a pequenos grupos, para compartilhar seu testemunho e pregar as Escrituras. No final dos anos 1650, Bunyan descobriu que o Espírito de Deus lhe concedera o dom de evangelismo. Veja como ele descreveu sua motivação para pregar:

"Meu maior desejo em realizar o ministério era o de ir às áreas do país onde houvesse as maiores trevas espirituais, ou seja, àquelas pessoas que estivessem mais distantes de qualquer profissão de fé. Não fazia isso por que eu não conseguia suportar a luz – eu não tinha medo de proclamar o evangelho a qualquer pessoa – e sim por que percebi meu espírito mais inclinado em direção ao trabalho de despertar e converter almas. Também, a mensagem que eu levava apontava mais para esta direção. 'Esforçando-me, deste modo, por pregar o evangelho, não onde Cristo já fora anunciado, para não edificar sobre fundamento alheio' (Rm 15.20).

Em minha pregação, tenho me esforçado e trabalhado com afinco, para trazer filhos a Deus; também não ficaria satisfeito, se meu trabalho não produzisse algum fruto. Se eu fosse infrutífero, não me importava com elogios; e, se fosse frutífero, não me importava com quem me censurasse. Eu pensava na passagem: 'Herança do SENHOR são os filhos; o fruto do ventre, seu galardão. Como flechas na mão do guerreiro, assim os filhos da mocidade. Feliz o homem que enche deles a sua aljava; não será envergonhado, quando pleitear com os inimigos à porta' (Sl 127. 3-5). Não me dava prazer ver as pessoas aceitarem minhas opiniões, se pareciam ignorantes a respeito de Jesus Cristo e do valor de serem salvas por Ele. Verdadeira convicção do pecado, especialmente do pecado de incredulidade, e um coração ardentemente desejoso de ser salvo por Cristo, com um forte anelo por uma alma verdadeiramente santificada – isso era o que me deleitava; essas eram as almas que eu considerava abençoadas".

Por volta de 1660, o fervor de Bunyan para ganhar os perdidos o levou a um ministério itinerante de pregação em pequenas vilas ao redor de Bedford. Naquele mesmo ano, porém, ele enfrentaria novas provações.

APRISIONAMENTO POR AMOR DO EVANGELHO

Oliver Cromwell morreu em 1658. E, por não surgir um líder semelhante a ele, pareceu a alguns dos principais líderes do exército que a Inglaterra estava ficando dividida e encaminhando-se à anarquia. Por isso, tomou-se a decisão de chamar de volta à Inglaterra o homem que se tornaria Charles II (cujo reinado durou de 1660 a 1685), para que assumisse o trono. Dos filhos que restavam a Charles I, ele era o mais velho e estivera exilado no continente desde 1651. Antes de retornar, Charles II prometeu que seu governo seria caracterizado por tolerância religiosa, mas logo após sua ascensão ao poder, congregações independentes como a de Bunyan começaram a sofrer perseguição severa. E, por grande parte das três décadas seguintes, os puritanos seriam "a igreja sob a cruz".

Quando a perseguição começou, Bunyan foi um dos primeiros a ser preso por pregar as Escrituras. Em 12 de novembro de 1660, ele deveria falar a um pequeno grupo numa fazenda em Lower Samsell, uma vila próxima a Harlington, no condado de Bedford. Embora a ordem de sua prisão já houvesse sido emitida, Bunyan decidiu continuar pregando, pois estava convencido de que não era errado pregar. Contudo, o Estado pensava de modo contrário; e Bunyan foi preso logo que abriu a Palavra de Deus, para ler o texto sobre o qual pregaria.

Levado a julgamento, ele foi acusado de haver quebrado o Ato do Conventículo de 1593, promulgado pela rainha Elizabeth. Esse ato especificava: qualquer pessoa que "se abstivesse, diabólica ou perniciosamente, de vir à igreja [isto é, a Igreja da Inglaterra], para ouvir o culto divino", e fosse culpada de ser "um defensor dos vários encontros religiosos e das reuniões ilegais", poderia ser detida sem direito a fiança, até que se submetesse às autoridades da Igreja Anglicana.[3] Aos olhos das autoridades, Bunyan era um inculto, desordeiro, um simples "funileiro". Disseram-lhe com clareza que seria solto se prometesse desistir de pregar.

Entretanto, Bunyan possuía uma lealdade maior do que a obediência a um monarca terreno — a obediência ao Rei Jesus. Como a maioria de seus companheiros puritanos, Bunyan cria na obediência às leis do Estado e enfatizou que considerava seu dever o comportar-se bem sob o governo do rei, como convém a um homem e a um crente. Mas Bunyan sabia que o Espírito de Deus havia lhe concedido o dom de pregar, um dom confirmado pela congregação da qual era membro. Como ele mesmo disse: "O Espírito Santo nunca tencionou que os homens providos de tais dons e habilidades devam enterrá-los".Para Bunyan, aqueles que tinham os dons do Espírito Santo para pregar não tinham outra alternativa, senão exercer os dons que Deus lhes havia concedido.

Durante seu julgamento, Bunyan defendeu seu direito de pregar citando 1 Pedro 4.10-11. Os que julgavam o seu caso argumentavam que somente os ordenados pela Igreja da Inglaterra podiam pregar legalmente. A discordância de Bunyan baseava-se no fato de que para ele a autoridade máxima em assuntos religiosos não era a tradição humana ou as leis humanas, e sim as Escrituras e o seu autor – Deus. Ele tinha de obedecer a seu Deus; do contrário, no Dia do Juízo, seria considerado traidor de Cristo.

A excelente percepção das convicções de Bunyan pode ser encontrada no relato de um apelo de sua esposa – sua segunda esposa, Elizabeth Bunyan (morta em 1692), com quem ele se casou em 1659. Ela demonstrou extraordinária coragem durante o aprisionamento de seu esposo e apresentou esse apelo em favor de seu esposo ao tribunal em agosto de 1661. Este é um relato que também nos diz muito a respeito da maturidade espiritual dela. Havia pelo menos três juízes presentes, os quais ouviram o apelo de Elizabeth: Matthew Hale, um cristão, que simpatizou abertamente com Elizabeth, mas discordou da obstinada determinação de seu marido em pregar; Thomas Twisden, um homem severo, e Henry Chester. Eis o relato:

> *Juiz Chester*: Meu senhor, Bunyan é um homem importuno; não há outro como ele no país.
>
> *Juiz Twisden (dirigindo-se a Elizabeth)*: Bem, o seu marido deixará de pregar? Se ele o fizer, mandarei soltá-lo.
>
> *Elizabeth*: Meu senhor, ele não ousaria parar de pregar, enquanto puder falar.

Juiz Twisden: Vejam só! Por que devemos continuar falando sobre esse homem? Ele deve ter permissão para fazer o que quiser? Ele é um destruidor da paz.

Elizabeth: Ele deseja viver pacificamente e seguir sua profissão, para o sustento de sua família. Além disso, meu senhor, tenho quatro crianças pequenas que não podem sustentar a si mesmas. Uma delas é cega, e não temos com que viver, a não ser a caridade de pessoas bondosas.

Juiz Hale: Você tem quatro filhos? Ainda é muito jovem para ter quatro filhos.

Elizabeth: Sou madrasta deles, casada com John Bunyan a menos de dois anos. De fato, eu esperava uma criança quando meu marido foi preso pela primeira vez. Contudo, sendo jovem e desacostumada a tais coisas, em desalento devido à notícia, entrei em trabalho de parto, o qual perdurou por oito dias, quando finalmente dei à luz. Mas a criança morreu.

Juiz Hale: Ah! pobre mulher!

Juiz Twisden: Você faz da pobreza um pretexto. Penso que seu marido tem melhor ganho pregando por todo o país do que seguindo a sua profissão.

Juiz Hale: Qual é a profissão dele?

Um espectador: Funileiro, meu senhor.

Elizabeth: Sim. E, por ser ele um homem pobre e funileiro, é desprezado e não pode gozar de justiça.

Juiz Hale: Digo-lhe, senhora, percebendo que tomaram o que seu marido disse como base para uma condenação, que você deve ou apelar ao rei, por si mesma, ou solicitar o perdão dele, ou conseguir a declaração do caso como sendo injusto.

Juiz Chester: Meu senhor, ele pregará e fará o que quiser.

Elizabeth: Ele não prega outra coisa, senão a Palavra de Deus.

Juiz Twisden: Aquele homem prega a Palavra de Deus! Ele vive causando problemas.

Elizabeth: Não meu senhor, não! Não é assim. Deus o tem usado e realizado muitas coisas boas por meio dele.

Juiz Twisden (praguejando): A doutrina dele é do diabo!

Elizabeth: Meu senhor, quando o justo Juiz aparecer, ficará conhecido que a doutrina de Bunyan não é do diabo.[4]

Bunyan passou doze anos na prisão. Sua liberdade total ocorreu somente em 1672.

Como o seu aprisionamento continuava, ano após ano, Bunyan buscou um significado mais profundo para o sofrimento que enfrentava. Eventualmente, ele chegou à convicção de que "a igreja sob o fogo da perseguição é como Ester na câmara dos perfumes", preparando-se para "a presença do rei". Contudo, este tempo de sofrimento gerou também outro tipo de fruto, pois, quando os lábios de Bunyan foram silenciados para a pregação, ele começou a escrever. *Graça Abundante ao Principal dos Pecadores* está entre os livros que escreveu durante os doze anos de aprisionamento.

ÚLTIMOS ANOS

Bunyan foi solto na primavera de 1672 e recebeu um convite para pastorear a igreja de Bedford. Logo se tornou conhecido na região como poderoso pregador. Por exemplo, quando ele pregava em Londres, aproximadamente mil e duzentas pessoas afluíam para ouvi-lo, com regularidade, em manhãs de dias de semana; e não menos do que três mil o ouviriam nos domingos, se ele estivesse lá![5]

Foi numa dessas viagens, de Reading para Londres, em agosto de 1688, que Bunyan foi apanhado por uma tempestade intensa. Encharcado pela chuva, a princípio, ele parecia estar bem, mas logo surgiu uma febre e, talvez, pneumonia. Ele morreu em 31 de agosto de 1688, na casa de John Strudwick, um amigo e comerciante de Londres. Bunyan foi enterrado no famoso cemitério não-conformista de Londres, Bunhill Fields. Ele poderia ter afirmado, como o fez o Sr. Firmeza, um de seus heróis em O *Peregrino, Parte Dois*: "Agora verei aquela cabeça que foi coroada com espinhos e aquela face que foi cuspida em meu favor".

Adendo sobre a filiação de Bunyan à igreja

Embora não haja registro do batismo de Bunyan, Charles Doe, seu primeiro editor, que o conheceu bem, estabeleceu 1651 como o ano de batismo de Bunyan, ainda que admitindo a possibilidade de o batismo ter ocorrido um ano ou dois mais tarde. Por outro lado, George Cokayne (1620-1691), o mais antigo biógrafo de Bunyan e amigo de confiança, considerou 1655 como o ano em que Bunyan foi batizado por seu pastor, John Gifford. Independentemente do ano exato, não há boas razões para rejeitarmos a forte tradição de que Bunyan foi batizado e se uniu à igreja de Bedford nos primeiros anos da década de 1650; essa igreja seria sua casa espiritual até à morte, 30 anos depois. É importante ressaltar que, durante a controvérsia de Bunyan com William Kiffin (1616-1701), o líder da restrita comunhão batista calvinista, este descreveu explicitamente Bunyan como um irmão "batista". Além disso, no prefácio do livro *Some Serious Reflections* (Algumas Reflexões Sérias – 1673), escrito por Thomas Paul, Kiffin descreveu Bunyan como contrário ao batismo de crianças e favorável ao "batismo de crentes depois de sua profissão de fé em Cristo".

Quanto a esta controvérsia a respeito de Bunyan ser ou não um batista, veja especialmente A *History of the Baptists* (Uma Hitória dos Batistas), escrito por Thomas Armitage (New York: Bryan, Taylor, & Co., 1887), páginas 529 a 539; *John Bunyan (1628-1688): His Life, Times, and Works* (John Bunyan: Sua Vida, Época e Obra), escrito por John Brown, revisado por Frank Mott Harrison (London/Glasgow/Birmingham: The Hulbert Publishing Co., 1928), páginas 221 a 225, 236 a 238; "*Was John Bunyan a Baptist? A Case-Study in Historiography*" (John Bunyan era um Batista? Um

Estudo na Historiografia), escrito por Joseph D. Ban, publicado em *The Baptist Quarterly* (O Batista Trimestral), n° 30 (1983-1984), páginas 367 a 376. Este autor concorda (ou Eu concordo?) com a estimativa de Richard L. Greaves, ao afirmar que "Bunyan é corretamente considerado um batista de comunhão aberta" ("Conscience, Liberty, and the Spirit: Bunyan and Nonconformity" [Consciência, Liberdade e o Espírito: Bunyan e a Dissensão], em *John Bunyan: Coventicle and Parnassus. Tercentenary Essays* [John Bunyan: Reuniões Secretas e Parnaso. Ensaios Tricentenários], editado por N. H. Keeble [Oxford: Clarendon Press, 1988], p. 350.) Quanto a esta opinião, veja também *John Bunyan: Puritan Pastor* (John Bunyan: Pastor Puritano), escrito por Kenneth Dix (The Fauconberg Press for the Strict Baptist Historical Society, 1978), página 8.

Michael Haykin

Notas:
1. *The Works of the Rev. John Newton* (George King: London, 1833), I, lxxxv.
2. *The Doctrine of Law and Grace Unfolded*, ed. Richard L. Greaves (Clarendon Press :Oxford) pp 146-7
3. W. R. Owens, ed., *John Bunyan: Grace Abounding to the Chief of Sinners*, (Harmondsworth: Middlesex, 1987) pp 127, n. 137
4. Baseado em 'Elizabeth Bunyan pleads with Judge Mathew Hale', *The Bible League Quarterly* 342 (July-September 1985), pp 345-6
5. T. L. Underwood, 'John Bunyan: A Tercentenary' *American Baptist Quarterly*, 7 (1988), p. 439

"Consideradas todas estas circunstâncias, engrandeço o Deus do céu e da terra, porque, por meio delas, Ele me trouxe ao mundo, a fim de participar da graça e da vida que estão em Cristo, mediante o evangelho."

John Bunyan

Capítulo 1

OS PRIMEIROS ANOS

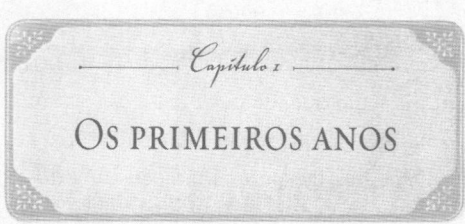

Os primeiros anos

Neste relato do misericordioso proceder de Deus para comigo, não estaria errado se começasse mencionando alguns detalhes de minha vida e criação, para que a amabilidade e a bondade de Deus para comigo se tornem ainda mais evidentes para o leitor.

Quanto ao meu contexto social, nasci, como muitos hão de saber, numa família de origem humilde. Os pais de meu pai eram de posição social desfavorecida e estavam entre os mais desprezados da sociedade. Por essa razão, não posso orgulhar-me, como outros, de ter sangue nobre ou qualquer parentesco distinto, herdado por nascimento. Consideradas todas estas circunstâncias, engrandeço o Deus do céu e da terra, porque Ele me trouxe ao mundo, a fim de participar da graça e da vida que estão em Cristo, mediante o evangelho. Contudo, apesar de meus pais pertencerem a uma classe social baixa, aprouve a Deus fazê-los enviar-me à escola, para aprender a ler e a escrever, habilidades que adquiri do mesmo modo que o fazem as outras crianças. Para minha vergonha, porém, confesso que logo esqueci quase todo o pouco que aprendi, antes de o Senhor realizar graciosamente uma obra em minha alma e me conceder a bênção da verdadeira conversão.

Os terrores do pecado

Quanto à minha vida de incrédulo, sem Deus no mundo, eu vivia realmente "segundo o curso deste mundo" e sujeito as influências do "espírito que agora atua nos filhos da desobediência" (Ef 2.2). Sendo totalmente injusto, estava feliz por ser cativo do diabo, para cumprir a sua vontade (2 Tm 2.26). Essa sujeição dominava de tal modo o meu coração e exercia tal controle sobre minha vida, que, embora fosse tão jovem, poucos se igualavam a mim em amaldiçoar, praguejar, falar palavrões, mentir e blasfemar o santo nome de Deus. De fato, cresci tão acostumado a essas coisas, que elas se tornaram naturais para mim. Para minha vergonha, percebi que isso ofendia tanto a Deus, que mesmo em minha infância ele me assustava e apavorava com sonhos terríveis e me aterrorizava com visões horrendas. Muitas vezes, enquanto dormia, depois de passar o dia em pecado, como passava tantos outros, eu ficava intensamente perturbado com pensamentos sobre demônios e espíritos maus, que trabalhavam a fim de ganhar-me para eles, conforme eu pensava — uma idéia da qual não podia me libertar.

Durante esses anos, fiquei muito transtornado com pensamentos de terríveis tormentos do inferno, temendo que, no final, eu também estaria entre aqueles demônios e espíritos maus que ali ficavam presos com correntes e grilhões de trevas, até ao Dia do Juízo. Quando eu tinha nove ou dez anos, estas coisas me afligiam tanto, que muitas vezes, enquanto desfrutava das brincadeiras e dos deleites da infância, com minhas companhias mundanas, eu ficava profundamente abatido no espírito e afligido na mente. Mas não podia livrar-me de meus pecados. Também era tão dominado pelo desespero da vida e do céu, que desejava não houvesse inferno ou que eu fosse um demônio — pensando que os demônios eram apenas atormentadores — a fim de que, se tivesse de ir pra lá, preferiria ser alguém que atormentasse os outros e não alguém atormentado.

Rebelião contra Deus

Depois de um tempo, esses terríveis sonhos me deixaram e logo os esqueci. Os prazeres do mundo livraram rapidamente desses sonhos a minha memória, como se nunca tivessem sido parte de minha vida. Assim, com grande avidez, plenamente de acordo com as inclinações de minha natureza caída, entreguei-me a desejos pecaminosos e deleitava-me em todas as formas de transgressão contra a lei de Deus. Assim, até à época de meu casamento, eu era o líder entre meus companheiros no que se refere a comportamento pecaminoso e ímpio. De fato, os desejos e obras más da carne dominavam tão fortemente a minha pobre alma, que, se um milagre da maravilhosa graça não o tivesse impedido, eu não somente teria perecido pelo golpe da eterna justiça de Deus, como também teria sido considerado digno de punição por aquelas leis civis que trazem algumas pessoas à desgraça e à vergonha diante do mundo.

Naqueles dias, qualquer pensamento sobre religião me perturbava e me irritava muito. Eu não os tolerava, nem admitia que alguém mais os tolerasse. E, quando via alguém lendo obras sobre santidade e conduta cristã, sentia-me aprisionado. Então, eu disse a Deus: "Retira-te de mim! Não desejo conhecer os teus caminhos!" (Jó 21.14.) Todos os interesses espirituais estavam longe de mim. Céu e inferno estavam ambos fora de vista e da mente; e ser salvo ou condenado era o que menos importava aos meus pensamentos. "Ó Senhor, tu conheces minha vida, e meus caminhos não estão escondidos de ti."

Embora eu mesmo pecasse com o maior deleite e facilidade e tivesse prazer nas más ações de meus companheiros, lembro-me de que, apesar disso, se visse, em qualquer momento, coisas más naqueles que professavam ser crentes, meu espírito tremia. Em determinada ocasião, mais do que em qualquer outra, no período mais frívolo de minha vida, ouvi uma pessoa conhecida como piedosa praguejando; isso teve tal efeito em meu espírito, que fez meu coração doer.

Não abandonado por Deus

Deus não me abandonou totalmente, continuou a seguir-me – não com convicções, mas com julgamentos; e estes, mesclados com misericórdia. Certa vez, caí num estuário do qual só escapei mergulhando. Em outra ocasião, caí de um barco no rio Bedford; contudo, a misericórdia preservou, uma vez mais, a minha vida. Noutra ocasião, quando eu estava no campo com um de meus amigos, uma cobra atravessou o caminho. Golpeei-a com uma vara que tinha em minha mão e após deixá-la sem sentidos, abri forçosamente a sua boca com a vara e arranquei seus dentes com meus dedos. Se Deus não tivesse sido misericordioso para comigo, eu poderia ter acabado com a minha vida, devido ao meu próprio descuido.

Também observei, com gratidão, que, enquanto servia como soldado, fui escalado com alguns outros para sitiar um lugar específico. Estava quase partindo, quando outro soldado pediu para tomar o meu lugar. Consenti com isso; e, indo ele ao cerco, enquanto permanecia na guarda, foi atingido na cabeça por uma bala de mosquete e morreu. Como disse, havia juízos e misericórdias, mas nenhum deles despertou a minha alma para qualquer senso de justiça. Assim, continuei a pecar e tornei-me cada vez mais rebelde contra Deus e negligente a respeito de minha própria salvação.

"Em todo esse tempo, eu estava inconsciente do perigo e da malignidade do pecado. Fui impedido de considerar que, não importando a religião que seguisse, o pecado me amaldiçoaria, se eu não estivesse em Cristo."

John Bunyan

— Capítulo 2 —

DESPERTADO O INTERESSE PELA RELIGIÃO

Capítulo 2
DESPERTADO O INTERESSE PELA RELIGIÃO

Logo depois disso me casei. Deus foi misericordioso dando-me uma esposa cujo pai era conhecido por ser um homem piedoso. Embora tenhamos começado nosso casamento tão pobres quanto alguém pode ser, não possuindo bens à maneira do mundo, como um prato ou uma colher, ela tinha, de sua parte, uma cópia de *The Plain Man's Pathway to Heaven* (O Caminho do Homem para o Céu) e de *The Practice of Piety* (A Prática da Piedade), os quais seu pai lhe havia deixado ao morrer. Às vezes, líamos juntos esses livros. Encontrei neles algumas coisas agradáveis para mim, mas nesse tempo eu não tinha convicção do pecado. Ela me contava frequentemente quão piedoso era seu pai, como ele reprovava e corrigia comportamentos pecaminosos, tanto em sua casa como entre seus vizinhos; como ele vivera de maneira santa e rigorosa neste mundo e como isso era evidente em suas palavras e em seus atos.

INCLINAÇÕES RELIGIOSAS

Ainda que a leitura desses dois livros não me tenha alcançado nem despertado para o meu estado infeliz e pecaminoso, produziram em mim um desejo de corrigir a vida pecaminosa e seguir fervorosamente a religião da época — ou seja, ir à igreja duas vezes ao dia e, o mais importante, com aqueles que eram proeminentes e conhecidos por levarem a religião a sério. Lá eu cantava e acompanhava o culto tão devotamente quanto os outros o faziam, mas continuava minha vida iníqua. Além disso, estava tão dominado pelo espírito de superstição, que adorava tudo com grande devoção: o altar, o sacerdote, o sacristão, a vestimenta, o culto e tudo que pertencesse à igreja. Acreditava que tudo que estava na igreja era santo e considerava o sacerdote e o sacristão os mais felizes e, sem dúvida, mais abençoados, porque, conforme eu pensava, eram servos de Deus e tinham importância fundamental na realização da obra de Deus no santo templo.

Em pouco tempo, esta ilusão se tornou tão forte em mim que, somente em ver um sacerdote, embora ele tivesse uma vida sórdida e devassa, eu o reverenciava e me obrigava a ele. De fato, por causa do amor que sentia por eles – acreditando que eles eram ministros de Deus – pensava que poderia me prostrar aos seus pés e deixar-lhes caminhar sobre mim, devido ao efeito inebriante e enfeitiçante que os nomes, as santas vestimentas e a obra deles exerciam sobre mim.

Depois de me sentir assim por muito tempo, ocorreu-me outro pensamento, que dizia respeito a sermos ou não descendentes dos israelitas. Descobri nas Escrituras que eles haviam sido o povo escolhido de Deus e pensei que, se pertencesse a essa raça, minha alma ficaria satisfeita. Tive grande desejo de achar a resposta para essa questão, mas não sabia como procurá-la. Por fim, perguntei a meu pai a respeito disso, e ele me disse que não éramos descendentes de israelitas. Então, despedaçadas todas as minhas esperanças quanto a isso, meu espírito desanimou e fiquei completamente abatido. Em todo esse tempo, eu estava inconsciente do perigo e da malignidade do pecado. Fui impedido de considerar que, não importando a religião que seguisse, o pecado me amaldiçoaria, se eu não estivesse em Cristo. Na verdade, nunca pensava nele, nem se ele existia ou não. Assim, o homem, enquanto é cego, vagueia e se fatiga com seu próprio egoísmo, pois não sabe o caminho para a cidade de Deus (Ec 10.15).

Convicção

No entanto, de todos os sermões que nosso vigário pregou, um dia ele falou sobre o mandamento de guardar o domingo e sobre o mal de quebrá-lo, ou com trabalho, ou com esportes, ou com qualquer outra coisa. Ora, a despeito da minha religião, eu me deleitava em todo tipo de prática pecaminosa. Era especialmente aos domingos que achava conforto e prazer em tais atividades. Por essa razão, minha consciência esteve sob convicção durante aquele sermão. Pensava e acreditava que ele fora pregado com o propósito de mostrar-me meus atos maus. Nessa ocasião, descobri pela primeira vez o que era a culpa. Até onde posso lembrar, eu nunca havia sentido isso antes. Estava tão oprimido pela culpa, que, ao terminar o sermão, fui para casa com um fardo pesado sobre o meu espírito.

Por um momento, isto serviu para neutralizar a força de meus entretenimentos favoritos e tornar desagradáveis para mim os antigos prazeres. Mas, isso não durou muito. Antes mesmo de terminar o jantar, os problemas começaram a desaparecer de minha mente, e meu coração voltou aos caminhos antigos. Oh! quão feliz estava por esse problema haver me deixado, e sua inquietude, desaparecido, para que eu pudesse pecar novamente, sem restrição! Então, após haver jantado suficientemente bem, descartei todos os pensamentos sobre o sermão e voltei, com grande deleite, a meu antigo hábito de jogos e esportes.

Naquele mesmo dia, quando eu estava no meio de uma partida de bilharda [um jogo em que um pequeno pedaço de madeira afilado em ambas as extremidades é golpeado com um bastão], havia dado o primeiro golpe e estava para dar o próximo, quando repentinamente uma voz do céu, como um dardo em minha alma, disse: "Você abandonará os seus pecados e irá para o céu ou manterá os pecados e irá para o inferno?" Nesse instante, fiquei maravilhado e, deixando o bastão no chão, olhei para o céu. Foi como se visse, com os olhos de meu entendimento, o Senhor Jesus olhando para mim, mostrando seu extremo desgosto e ameaçando-me severamente com dolorosa punição, por essas e outras práticas ímpias. Este pensamento me ocorreu quando a seguinte conclusão se apoderou de meu espírito (visto que a interrupção trouxe novamente os meus pecados à tona), de que eu era um grande e horrível pecador e agora era tarde demais para buscar o céu, pois Cristo não perdoaria a mim, nem às minhas transgressões. Então, comecei a refletir nisto. Enquanto pensava em tal situação e temia que aquilo poderia ser real, senti meu coração cair em desespero, concluindo que era tarde demais. Decidi continuar no pecado, pois pensava: "Se este é o caso, meu estado certamente é miserável: miserável ,se eu deixar os pecados; miserável, se eu os seguir. Não há como não ser condenado. E, se tem de ser assim, serei amaldiçoado tanto por muitos pecados como por poucos".

O PODER DO PECADO

Eu estava em pé, no meio do jogo, diante de todas aquelas pessoas, mas não lhes disse nada. Tendo chegado a esta conclusão, voltei desesperadamente ao jogo. Pouco antes de este desespero possuir minha alma, eu estava persuadido de que nunca obteria qualquer consolação, exceto a que obteria do pecado. Toda esperança a respeito do céu desaparecera, de modo que não me permitia pensar nele. Contudo, encontrei em mim um grande desejo de satisfazer-me no pecado e continuei a considerar que pecado ainda poderia cometer a fim de provar a sua doçura. Tive pressa em satisfazer-me nos deleites do pecado, para que não morresse antes de realizar meus desejos – algo que eu temia muito. Declaro, na presença de Deus, que não estou mentindo quanto a estas coisas, nem elaborando qualquer fingimento. Estas eram, de fato, as coisas que, com todo o coração, eu desejava. Que o bom Senhor, cuja misericórdia é insondável, perdoe minhas transgressões! Estou convencido de que esta tentação do diabo, para conquistar o espírito com uma disposição de coração cauterizada e uma consciência entorpecida, é mais comum entre as pessoas do que a maioria delas está ciente. O diabo alimenta, silenciosa e furtivamente, o coração e a mente das pessoas com tal desespero que, apesar de não sentirem culpa específica, acreditam que não há mais esperança para si mesmas, visto que têm amado os seus pecados; portanto, elas continuam a segui-los (Jr 2.25; 18.12).

Então, continuei no pecado. Minha mente sempre ansiava por mais, embora me atormentasse o fato de que o pecado não trazia a satisfação que eu esperava. Continuei assim por um mês ou mais. Um dia, eu estava diante da loja de um vizinho, amaldiçoando e praguejando, bancando o louco como era habitual no meu proceder pecaminoso; e a dona da casa, lá de dentro, me ouviu. Mesmo sendo libertina e ímpia, ela reclamou que eu amaldiçoava e praguejava em tão terrível medida, que ela tremeu ao me ouvir. Além disso, para aquela mulher, eu era a pessoa mais ímpia que ela já conhecera em toda a sua vida, no que diz respeito a praguejar. Ela disse que, com minhas ações, eu poderia arruinar toda a juventude da cidade, se andassem em minha companhia. Diante desta repreensão, fiquei quieto, envergonhado em meu coração e, como pensava, diante do Deus do céu. Por essa razão, enquanto permaneci ali, cabisbaixo devido à vergonha, desejei de todo o meu coração ser uma criancinha novamente, para que meu pai me ensinasse a falar sem blasfemar. "Estou tão acostumado a isso", pensei, "que é inútil pensar em corrigir o meu falar". Acreditava que isso nunca aconteceria.

Uma religião de obras

Mas – não sei como aconteceu – daquele momento em diante parei de blasfemar, a ponto de eu mesmo ficar grandemente surpreso. Antes, eu não sabia como falar sem que precedesse as minhas palavras com uma praga e as seguisse com outra, a fim de dar-lhes autoridade. Agora, sem blasfemar, eu falava melhor e com mais deleite, como nunca o fizera antes. Em todo este tempo, eu não conhecia a Jesus Cristo, nem abandonei meus esportes e jogos. Todavia, logo depois conheci um homem que professava ser cristão e, conforme pensei, falava de maneira agradável sobre as Escrituras e a religião. Por essa razão, dediquei-me ao estudo de minha Bíblia, tendo começado a desenvolver algum interesse no que ele dizia e a sentir grande prazer em lê-la, especialmente as partes históricas. Quanto às epístolas de Paulo e outras passagens como estas, eu não as apreciava tanto, uma vez que ainda era ignorante a respeito da corrupção de nossa natureza e da nossa necessidade e dos méritos de Jesus Cristo para nos salvar. Engajado numa reforma exterior, tanto no falar como no viver, coloquei os Mandamentos diante de mim como o caminho para o céu. Tentei guardar os Mandamentos e pensava que o fazia muito bem às vezes; isso me dava conforto. Mas, de vez em quando, eu quebrava um deles e, assim, afligia minha consciência. Então, me arrependia e dizia que sentia muito por isso, prometendo a Deus que faria melhor na próxima vez. Era assim que eu me ajudava, pensando que agradava a Deus, tanto quanto o fazia qualquer outro homem na Inglaterra.

Continuei desta maneira cerca de um ano. Durante esse tempo, nossos vizinhos me consideravam um homem muito piedoso, um homem novo e religioso. E muito se maravilhavam ao ver tão grande e notável mudança em minha vida e conduta. De fato, a mudança era grande, embora eu não conhecesse a Cristo, nem a graça, nem a fé, nem a esperança, pois, conforme via com clareza, se eu tivesse morrido naquela época, teria perecido no mais temeroso estado. Porém, como digo, meus vizinhos estavam maravilhados com essa grande conversão, de profanação prodigiosa para algo semelhante a uma vida moral. Eles tinham razão em maravilhar-se, pois minha conversão foi algo tão formidável como o teria sido para um louco o tornar-se um homem sensato. Eles passaram a dirigir-me louvores, expressões de aprovação e falavam bem de mim, estando eu presente ou não. Agora, como eles diziam, eu havia me tornado piedoso — me tornara um homem verdadeiramente honesto. Mas, quando percebi o que estavam falando e pensando sobre mim, fiquei muito satisfeito! Embora eu não fosse mais que um infeliz hipócrita disfarçado, amava ser comentado como alguém verdadeiramente piedoso. Estava orgulhoso de minha santidade e fazia tudo para ser visto ou bem falado pelos outros. Continuei assim durante um ano ou mais.

"Nesse momento, senti meu coração começar a agitar-se e ficar desconfiado de meu estado espiritual, quando percebi que, mesmo com todas as minhas idéias sobre religião e salvação, o novo nascimento jamais havia penetrado a minha mente..."

John Bunyan

Capítulo 3
AS PRIMEIRAS INQUIETAÇÕES DA ALMA

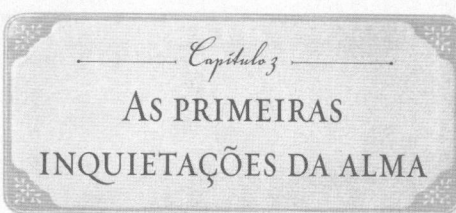

AS PRIMEIRAS INQUIETAÇÕES DA ALMA

gora você precisa entender que antes disso eu tinha muito prazer em tocar os sinos da igreja. Mas, ao passo que minha consciência começava a se tornar sensível, pensei que tal prática era nada mais que vaidade e obriguei-me a abandoná-la, ainda que continuasse a desejá-la. Por essa razão, eu ia à igreja via o sino sendo tocado, embora eu mesmo não ousasse mais fazê-lo. Eu pensava que isso também não era um comportamento apropriado para alguém religioso. Porém, continuei indo à igreja com o propósito de ouvir o sino.

Entretanto, logo comecei a me questionar: "E se um dos sinos caísse?" Decidi ficar debaixo da viga que cruzava de um lado a outro da torre, pensando que estaria seguro ali. Então, pensei que, se o sino caísse enquanto balançava, primeiro ele bateria na parede e depois viria sobre mim, matando-me, mesmo estando sob a viga. Isto fez-me permanecer à porta da torre; pensava: estou seguro o bastante, e, se o sino cair, eu posso sair rapidamente para trás destas paredes mais largas e preservar-me de sua queda". Assim, eu ainda os via tocar o sino, mas não passava da porta da torre.

Então pensei: "E se a própria torre caísse?" Essa idéia – isso poderia ter ocorrido mesmo enquanto eu estava lá e observava – perturbava tanto a minha mente, que eu não ousava ficar na porta da torre por muito tempo, mas era forçado a fugir temendo que a torre caísse na minha cabeça.

Outra coisa que me incomodava era o hábito de dançar; passou-se um ano inteiro, antes que conseguisse deixar tal prática. Nessa época, quando eu pensava estar guardando um ou outro mandamento ou fazia por palavra ou ação qualquer coisa que considerava boa, tinha grande paz em minha consciência e pensava comigo: Deus certamente está satisfeito comigo agora. De fato, para ser sincero, pensava que nenhum homem na Inglaterra podia agradar mais a Deus do que eu. Mas, pobre pecador que era, estava todo esse tempo ignorante a respeito de Jesus Cristo e tentava estabelecer minha justiça própria. Teria perecido nela se Deus, em misericórdia, não tivesse me revelado mais a respeito de meu estado natural.

Novo nascimento?

Um dia, a boa providência de Deus levou-me a Bedford, a motivo de trabalho. Em uma das ruas daquela cidade, passei por três ou quatro mulheres sentadas ao sol, falando sobre as coisas de Deus. Desejando ouvir aquela discussão, aproximei-me delas para escutar o que estavam dizendo, uma vez que eu, de igual modo, era agora um bom argumentador em assuntos de religião. Mas, devo dizer, ouvi, mas não entendi, pois a discussão delas estava muito além de meu alcance. Elas falavam sobre "um novo nascimento", a obra de Deus em seus corações, e também de como foram convencidas de seu miserável estado de natureza. Falavam a respeito de como Deus havia visitado suas almas com seu amor no Senhor Jesus e das palavras e promessas com as quais elas haviam sido reanimadas, confortadas e fortalecidas contra as tentações do diabo. Ademais, elas discutiam as sugestões e tentações de Satanás em particular e contavam umas às outras a respeito dos meios segundo os quais eram afligidas e como eram sustentadas durante esses ataques. Também falavam da miséria de seus próprios corações e de sua incredulidade, e desprezavam e aborreciam sua justiça própria como imunda e insuficiente para fazer-lhes qualquer bem.

Parecia-me que a alegria de seus corações era a fonte de seu falar. A conversa delas era preenchida com a beleza e o deleite da Escritura, e havia tal aparência de graça em tudo o que elas diziam, que era como se tivessem encontrado um novo mundo — como se fossem pessoas que vivessem sós e não devessem ser consideradas da mesma maneira que seus vizinhos. Nesse momento, senti meu coração começar a agitar-se e ficar desconfiado de meu estado espiritual, quando percebi que, mesmo com todas as minhas idéias sobre religião e salvação, o novo nascimento jamais havia penetrado a minha mente, nem conhecia o conforto e a promessa da Palavra, nem o engano e a traição de meu coração corrompido. Eu não dei atenção aos meus pensamentos secretos e nem entendia o que eram tentações satânicas, ou como elas poderiam ser e resistidas vencidas.

Por conseguinte, quando ouvi e considerei o que aquelas mulheres disseram, eu as deixei e prossegui a viagem de trabalho, mas a conversa delas me acompanhou. Meu coração permaneceu com elas, pois fui grandemente afetado por suas palavras. Estas me convenceram de que faltavam em mim as marcas distintivas de um homem verdadeiramente piedoso e também me convenceram da feliz e abençoada condição de uma pessoa piedosa. Portanto, buscava frequentemente a companhia daquelas pessoas, pois não conseguia me afastar mais delas; e, quanto mais ficava em meio a elas, mais examinava minha condição espiritual. Ainda lembro como encontrei duas coisas dentro de mim das quais por vezes me maravilhava, especialmente considerando como eu fora, um pouco antes disso, um cego, ignorante, sórdido e ímpio miserável. Uma coisa era a grande suavidade e a ternura de coração que me trouxeram à convicção do que essas pessoas afirmavam por meio da Escritura, e a outra coisa era a minha forte inclinação para uma contínua meditação nestas e nas demais boas coisas que, a qualquer hora, eu ouvisse ou lesse.

Essas coisas afetaram tanto minha mente, que sentia-me como um sanguessuga alimentando-se de uma veia e clamando continuamente: "Dá, Dá" (Pv 30.15). Minha mente estava tão fixa na eternidade e nas do reino celestial – isto é, tanto quanto eu conhecia pois, Deus o sabe, eu conhecia bem pouco – que nem prazeres, nem lucros, nem persuasão, nem ameaças poderiam fazer-me perder a concentração. E, embora me envergonhe de dizer isto, trazer meus pensamentos de volta à terra era tão difícil naquele tempo quanto o era pensar nas coisas celestiais antes de iniciar-se esta inquietação da alma.

O PODER DO ENGANO

Uma coisa não devo omitir: havia um jovem em nossa cidade ao qual meu coração estava mais estreitamente ligado em amizade do que a qualquer outro; contudo, ele era uma pessoa tão ímpia, em se tratando de blasfemar, insultar e cometer imoralidades, que eu me afastei dele e não busquei mais sua companhia. Aproximadamente três meses após ter terminado a amizade, encontrei-o em certo lugar e perguntei-lhe como estava. Praguejando, como era seu hábito, respondeu-me que estava bem. "Mas Harry", eu disse, "por que você prageja e amaldiçoa dessa maneira? O que lhe acontecerá caso morra nesta condição?" Irritado, ele me respondeu: "O que o diabo faria para encontrar um companheiro, se não houvesse alguém como eu?"

Nesta época, deparei-me com alguns livros dos ranters (os ranters eram uma seita daqueles dias) que circulavam por meio de alguns homens de nosso país — livros que eram também altamente respeitados por várias pessoas conhecidas que, havia muito tempo, professavam ser religiosas. Li alguns desses livros, mas não era capaz de fazer nenhum julgamento sobre eles. Assim, conforme lia e pensava a respeito deles, tornei-me ciente de minha incapacidade para avaliá-los e me submeteria a uma oração sincera tal como: Senhor, sou tolo e incapaz de distinguir a verdade do erro. Senhor, não me deixes entregue à minha própria cegueira, nem para aprovar nem para condenar esta doutrina. Se ela provém de Ti, não permitas que eu a despreze; se vem do diabo, não me deixes abraçá-la. Senhor, no tocante a este assunto entrego minha alma somente aos teus pés; não me deixes ser enganado — eu Te suplico humildemente!

Tive um companheiro religioso nesta época, e este era o homem do qual falei anteriormente. Nesse período, ele se tornou um ranter fanático e entregou-se a todas as formas de comportamento vil, especialmente impureza. Ele também negava que existia um Deus ou que existissem anjos ou espíritos e ria de toda exortação à sobriedade. Quando eu fazia todo esforço para censurar sua impiedade, ele ria ainda mais e alegava que passara por todas as religiões sem descobrir a certa até àquele momento.

Também me disse que, em breve, eu veria todos aqueles que fizeram uma profissão religiosa seguirem os caminhos dos ranters. Então, detestando aqueles princípios abomináveis, deixei sua companhia imediatamente e tornei-me tão estranho para ele quanto antes lhe havia sido amigo. Esse homem não foi o único a tentar-me. Estando o meu trabalho no campo, eu me deparava com muitas pessoas anteriormente rigorosas em sua religião, mas que igualmente haviam sido afastadas por esses ranters. Essas pessoas também falavam comigo de seus caminhos e me julgavam legalista e confuso, alegando que somente eles tinham alcançado a perfeição e podiam fazer o que quisessem e não pecar. Essas tentações apelavam para minha natureza pecaminosa, sendo eu jovem e estando no vigor dos anos! Mas Deus, que tinha, como eu esperava, designado-me para coisas melhores, guardou-me no temor de seu nome e não permitiu que eu aceitasse tão abomináveis princípios. Bendito seja Deus que dispôs meu coração a clamar por ele, a fim de ser guardado e direcionado por ele, e a continuar desconfiando de minha própria sabedoria! Desde então tenho visto os efeitos daquela oração em ter o Senhor me preservado, não somente dos erros dos ranters, mas daqueles que surgiram desde então. A Bíblia era preciosa pra mim naqueles dias.

Ignorância e confusão

Acredito que, em seguida, comecei a olhar a Bíblia com novo entendimento, lendo-a como nunca o fizera antes. As epístolas do apóstolo Paulo eram especialmente encantadoras e agradáveis para mim. Eu realmente nunca estava sem a Bíblia, encontrava-me sempre lendo-a ou meditando nela, enquanto continuava a clamar a Deus para que pudesse saber a verdade e o caminho para o céu e para a glória. Conforme dava prosseguimento à minha leitura, deparei-me com esta passagem: "Porque a um é dada, mediante o Espírito, a palavra de sabedoria; e a outro, segundo o mesmo Espírito, a palavra do conhecimento; a outro, no mesmo Espírito, a fé..." (1 Co 12.8-9). E apesar de entender que nestes escritos o Espírito Santo se referia a coisas especiais e extraordinárias, a convicção em meu espírito prendia-se à minha suposta carência dessas coisas básicas, os dons de sabedoria e entendimento, que são a porção de todos os outros cristãos. Refleti muito nesta passagem, mas não podia dizer o que fazer; a palavra "fé" perturbava-me sobremaneira, pois, às vezes, eu não conseguia deixar de questionar se tinha fé ou não. Eu estava relutante em concluir que não tinha fé, pois pensava que, fosse esse o caso, deveria considerar-me um verdadeiro rejeitado.

Não, eu disse a mim mesmo, embora esteja convencido de que seja um tolo ignorante e de que me faltam aqueles dons abençoados do conhecimento e do entendimento, os quais outras pessoas têm, ainda concluirei que não sou totalmente incrédulo, mesmo que não saiba o que é fé. Foi revelado a mim – e isso também por meio de Satanás, como antes eu via as coisas – que aqueles que concluem que estão num estado de descrença não têm sossego nem quietude em sua alma, e eu relutava em cair em completo desespero.

Então, por meio dessa sugestão, fiquei por um tempo temeroso de ver minha falta de fé. Mas Deus não me permitiria destruir minha alma dessa maneira; Ele fazia surgir, continuamente, dentro de mim, pensamentos e idéias que se opunham à minha triste e cega conclusão, de tal maneira que não consegui descansar até que estivesse certo de que possuía fé ou não. Estes pensamentos continuavam fluindo em minha mente: "Mas, se realmente lhe faltar a fé? Como você pode saber se tem fé?" Além disso, tinha por certo que, se não tivesse fé, certamente pereceria para sempre. Embora eu me empenhasse, a princípio, para negligenciar o papel da fé, logo depois considerei o assunto de maneira mais sensata e me submeti à prova, para ver se tinha fé ou não. Mas, ai de mim! – pobre miserável que era – era tão ignorante e desprovido de instrução, que eu não sabia como fazê-lo, assim como ignorava como começar e concluir uma obra de arte rara e extraodinária que eu jamais havia visto ou considerado.

Deste modo, enquanto eu refletia sobre estas coisas e me sentia perturbado por elas – você deve saber que eu não revelara meus pensamentos a respeito disso a ninguém; tinha apenas ouvido e refletido sobre o que outros diziam – o tentador veio a mim com a ilusão de que não havia maneira de eu saber se tinha fé, exceto pelas tentativas de fazer alguns milagres, e ele incutiu-me textos que pareciam confirmar a idéia, para fortalecer e executar sua tentação. Bem, um dia, eu estava entre Elstow e Bedford e me sobreveio, de maneira forte, a tentação de verificar, por meio de algum milagre, se tinha fé. O milagre específico que eu tentaria realizar consistia em dizer às poças de água que se haviam formado na estrada, dentro das marcas feitas pelas patas dos cavalos: "Secai", e aos lugares secos: "Formem-se poças". E realmente, eu ia dizê-lo uma vez, mas no momento em que eu estava para falar, o seguinte pensamento veio à minha mente: "Primeiro vá até àquela cerca e ore para que Deus o capacite". Quando terminei de orar, tive uma forte sensação de que, se após orar, tentasse novamente fazê-lo e nada ocorresse, apesar de ter orado a respeito daquilo, eu teria certeza de que não tinha fé, e sim que estava perdido e rejeitado. "De fato", pensei, "se este é o caso, não tentarei ainda, mas esperarei um pouco mais". Assim, continuei em grande prejuízo, pensando que, se apenas aqueles capazes de operar coisas tão maravilhosas tinham fé, eu não a tinha nem era provável que um dia viesse a tê-la. Consequentemente, eu oscilava entre o diabo e minha própria ignorância, e, às vezes, ficava tão perplexo, que não sabia o que fazer.

"De fato, o Senhor permitiu que eu continuasse nesse estado por muitos meses, sem revelar-me se eu já era dele ou se seria chamado no futuro."

John Bunyan

Capítulo 4
Atormentado pelo pecado e por Satanás

Capítulo 4
Atormentado pelo pecado e por Satanás

Nesse tempo, o estado espiritual e a grande alegria do povo de Bedford me foram apresentados em um tipo de visão. Era como se eles estivessem sentados no lado ensolarado de uma montanha alta, revigorando-se ao calor dos raios solares, enquanto eu tremia e me encolhia no frio, sofrendo debaixo das nuvens negras, na neve e na geada. Entre mim e aquelas pessoas pensei ter visto um muro que cercava a montanha. Minha alma desejou intensamente atravessar aquele muro; e conclui que, se pudesse, iria até ao meio deles, me aqueceria e me confortaria com calor do seu sol. Eu andava e andava, ao longo do muro, olhando de perto a fim de encontrar um caminho ou uma passagem pela qual pudesse atravessar. Contudo, por algum tempo, não pude encontrar tal caminho. Então, finalmente vi uma abertura estreita, semelhante a uma pequena entrada, pela qual tentei atravessar. Como a passagem era estreita e apertada, fiz muitas tentativas de passar, até ficar exausto, tamanha era minha luta. Mas todos os meus esforços foram inúteis. Por fim, com grande empenho, atravessei a cabeça; depois, forçando um dos lados, os ombros e, por fim, o corpo todo. Então, dominado pela alegria, sentei-me em meio àquelas pessoas e senti-me confortado pela luz e o calor de seu sol.

Para mim, a montanha significava a igreja do Deus vivo; o sol que resplandecia sobre ela representava o brilho confortador da misericordiosa face de Deus sobre os que estavam no lado de dentro. O muro, eu pensei, era a parede que separava os cristãos do mundo; e a abertura na parede era Jesus Cristo, que é o caminho para Deus, o Pai (Jo 14.6; Mt 7.14). Contudo, visto que a passagem era notavelmente estreita — tão estreita que não consegui passar por ela, senão com muita dificuldade – entendi que ninguém poderia entrar na vida, exceto aqueles que o fizessem com sinceridade e deixassem para trás o mundo iníquo, pois na passagem havia lugar apenas para o corpo e a alma, e não para o corpo, a alma e o pecado. Esta impressão permaneceu comigo por muitos dias, durante os quais encontrei-me numa condição triste e lastimável. Mas também fui estimulado a sentir fome e desejo intensos de ser um daqueles que se assentavam à luz do sol. Eu orava onde quer que estivesse, em casa ou longe dela, sob um teto ou num campo; e, elevando meu coração a Deus, com freqüência cantava estas palavras do Salmo 51: "Compadece-te de mim, ó Deus", ainda que eu não soubesse de onde vinha a minha angústia.

Eu sou um dos eleitos de Deus?

Até então, eu não estava totalmente persuadido de que tinha fé em Cristo. E, em vez de encontrar neste fato qualquer tipo de paz, comecei a ter a alma afligida por novas dúvidas quanto à minha felicidade vindoura e, especialmente, quanto a ser ou não um eleito. Mas, o que aconteceria se o dia da graça já houvesse passado e acabado para sempre? Sentia-me grandemente angustiado e inquieto por essas duas tentações – às vezes, por uma delas; às vezes, pela outra.

Em primeiro lugar, no tocante às minhas dúvidas a respeito de ser ou não um eleito, descobri, nesse tempo, que, embora tivesse um intenso desejo de achar o caminho para o céu e para a glória, e nada fosse capaz de afastar-me deste desejo, o assunto da eleição me ofendia e desencorajava tanto, que sentia, especialmente em certos momentos, como se a força e o poder de tal desejo extraíssem o vigor de meu corpo. Este versículo: "Assim, pois, não depende de quem quer ou de quem corre, mas de usar Deus a sua misericórdia" (Rm 9.16), também parecia esmagar todos os meus desejos. Não sabia o que fazer com este versículo, pois, evidentemente, compreendia que, se o Deus todo-poderoso, em sua infinita graça e bondade, não me tivesse escolhido para ser um vaso de misericórdia, nenhum bem procederia de mim, mesmo que desejasse, ansiasse e labutasse por toda a vida, até que meu coração definhasse. Portanto, estas perguntas permaneciam comigo: como você pode saber que é um eleito? E, se você não for, o que acontecerá? Ó Senhor, eu pensava, e se não o sou um eleito? "Talvez você não seja um eleito", dizia o Tentador. De fato, talvez eu não seja, eu pensava. "Então", dizia Satanás, "você pode também abandonar essas dúvidas e parar de lutar; porque, se você não é realmente um eleito de Deus, não há esperança de que seja salvo, pois: 'Não depende de quem quer ou de quem corre, mas de usar Deus a sua misericórdia'". Estas coisas me deixaram desnorteado, não sabendo eu o que dizer ou como responder a essas tentações. De fato, nunca me ocorreu que era Satanás quem me atacava dessa maneira. Pensava que a minha própria prudência levantava tais questionamentos. Eu defendia, de todo o coração, que somente os eleitos obtinham a vida eterna. Mas, a pergunta era se eu era um deles.

Assim, por muitos dias, fui severamente afligido e desnorteado por estas coisas. Com frequência, quando caminhava para qualquer lugar, chegava ao ponto de quase cair devido ao desânimo mental. Um dia, após ter sido oprimido e perturbado por várias semanas – estava perdendo todas as esperanças de obter a vida – estas palavras penetraram com vigor em meu espírito: "Considerai as gerações passadas e vede: quem, confiando no Senhor, foi... abandonado?" Fui sobremaneira iluminado por essas palavras e encorajado na alma. Naquele mesmo instante, ficou claro para mim: "Comece no início de Gênesis e leia até ao final de Apocalipse. Veja se consegue descobrir alguém que confiou no Senhor e foi abandonado". Chegando em casa, tentei achar esse versículo na Bíblia, não duvidando de que breve o encontraria, pois era vivo, forte e reconfortante ao meu espírito, como se falasse comigo. Bem, eu procurei, mas não o encontrei na Bíblia. Aquelas palavras permaneceram somente em minha mente. Então, perguntei separadamente a dois homens piedosos, se eles sabiam onde se encontrava semelhante versículo, mas eles não sabiam. Isto me fez pensar em como tais palavras se apoderaram de meu coração e ali permaneceram, de modo tão repentino, forte e consolador, e como, apesar disso, ninguém as encontrava. Ao mesmo tempo, nunca duvidei de que estivessem nas Escrituras Sagradas. Continuei em minha busca por mais de um ano, mas não encontrei esse texto. Então, por fim, olhando rapidamente os livros apócrifos, eu o encontrei em Eclesiástico 2.10. A princípio, isso me desanimou; todavia, como nesse tempo eu já tinha mais conhecimento do amor e da bondade de Deus, o transtorno foi menor. Fiquei menos perturbado especialmente quando considerei que, embora a referida passagem não estivesse nos livros que classificamos de santos e canônicos, ela continha a essência e a substância de muitas das promessas. Portanto, era o meu dever tirar consolo daquelas palavras. Louvo a Deus por esse versículo, o qual contribuiu para o meu bem. A sua mensagem ainda brilha diante de mim.

Acabou o dia da graça?

Depois destas coisas, a segunda dúvida me sobreveio fortemente: e se o dia da graça houver acabado para sempre? E se eu estiver fora do tempo da misericórdia? Lembro que um dia eu andava pelo campo e estava absorto num pensamento: e se o dia da graça houver acabado? Para agravar minha inquietação, o tentador trouxe-me à mente aquelas boas pessoas de Bedford, sugerindo-me isto: desde que elas já são convertidas, são o povo a quem Deus tencionou salvar nestes lugares. Eu chegara muito tarde; elas tinham recebido a graça antes de minha chegada. Agora, eu estava em grande aflição, acreditando que essa era realmente a minha situação. Assim, impaciente, não conseguia parar de andar de um lado para o outro, lamentando minha triste condição, considerando-me pior que milhares de tolos, por haver demorado tanto e ter gastado tantos anos no pecado, como eu o fizera. Clamava continuamente: Oh! se ao menos eu tivesse me convertido antes; se tivesse me convertido sete anos atrás! Também ficava irado contra mim mesmo, ao pensar que não tinha bom senso e desperdiçava meu tempo até que minha alma e o céu estivessem perdidos.

Tendo sido atormentado por esse temor durante um longo período, eu mal conseguia continuar vivendo; e, passando por uma situação semelhante àquela na qual recebi outro encorajamento, entraram em minha mente as seguintes palavras: "Ainda há lugar... obriga a todos a entrar, para que fique cheia a minha casa" (Lc 14.22-23). Estas palavras (em especial a frase: "Ainda há lugar") me foram agradáveis, pois pensei ter entendido por meio delas que havia lugar suficiente para mim no céu. Além disso, considerei que, ao dizê-las, o Senhor Jesus pensou em mim. E, sabendo que viria o tempo em que eu estaria aflito, com temor de que não houvesse lugar para mim em seu coração, ele as falou e deixou registradas, de modo que eu encontrasse ajuda para lutar contra esta vil tentação. Naquele momento, acreditei verdadeiramente nisso. Passei um tempo na luz e no encorajamento dessas palavras; e o conforto se tornava ainda maior, quando considerava que, há muito tempo, o Senhor Jesus havia pensado em mim e falado essas palavras com um propósito, por amor de mim. Acreditei que ele as dissera com o propósito de que eu fosse encorajado por elas.

Mas eu não ficava sem minhas tentações – tentações tanto de Satanás como de meu próprio coração e de minhas companhias ímpias. Contudo, agradeço a Deus porque as tentações foram sobrepujadas por uma conscientização acerca da morte e do Dia do Juízo, que permaneciam diante de mim. Eu pensava frequentemente em Nabucodonosor, a respeito de quem fora dito que lhe seriam dados todos os reinos da terra (Dn 5.18-19). Eu pensava que se este grande homem recebesse todas as suas bênçãos neste mundo, uma hora no inferno o faria esquecê-las todas. Este pensamento foi uma excelente ajuda para mim.

Eu serei chamado por Deus?

Nessa época, fui capacitado a perceber algo a respeito dos animais que Moisés identificou como limpos ou imundos (Dt 14). Eu pensava que aqueles animais representavam pessoas: os limpos representavam o povo de Deus; os imundos, os filhos do ímpio. Li que os puros ruminavam; isso nos mostra que temos de nos alimentar da Palavra de Deus, eu pensava. Eles também tinham unhas fendidas. Eu pensava que isso significava a necessidade de abandonar os caminhos dos ímpios, se quiséssemos ser salvos. Contudo, ao ler um pouco mais a respeito desses animais, descobri que, mesmo se ruminássemos como a lebre e tivéssemos unhas semelhantes às dos cães ou tivéssemos unhas fendidas como as dos porcos e não ruminássemos como as ovelhas, ainda seríamos imundos. Imaginava que a lebre representava aqueles que falam sobre a Palavra mas andam nos caminhos do pecado. O porco representaria a pessoa que abandona o seu pecado e a corrupção externos, mas não possui a Palavra da fé, sem a qual não há salvação, não importando quão piedosa seja uma pessoa. Depois, lendo a Palavra, descobri que aqueles que serão glorificados com Cristo no mundo por vir devem ser chamados por Ele nesta vida – chamados a compartilhar de sua Palavra e sua justiça, das consolações e primícias de seu Espírito; chamados a um interesse especial por todas as coisas celestes, que certamente preparam a alma para o descanso e o lar de glória que está no céu.

Mais uma vez fiquei como que paralisado, sem saber o que fazer, temendo que não fosse chamado. Se eu não for chamado, pensei, o que pode me fazer algum bem? Ninguém herda o Reino dos Céus, exceto aqueles que são chamados. Oh! como eu passei a amar aquelas palavras sobre a chamada do crente, tais como as que o Senhor disse a alguém: "Segue-me"; e a outro: "Vem após mim"! Eu pensei: Oh! se ele dissesse isso para mim também! Quão alegremente eu o seguiria! Não posso expressar com que anseios supliquei a Cristo que me chamasse. Continuei assim por um tempo, com intenso desejo de ser convertido a Jesus Cristo.

Naquele dia, também vi uma glória tão imensa em ser convertido, que não pude descansar sem ter parte nesta glória. Ouro! Se ela pudesse ser obtida com ouro, o que eu não teria dado por ela? Se eu possuísse o mundo inteiro, teria dado dez mil vezes mais por essa glória, para que minha alma fosse trazida ao estado de conversão. Quão amáveis pareciam agora aqueles que eu considerava homens ou mulheres convertidos! Eles brilhavam; andavam como pessoas que têm sobre si o inconfundível selo do céu. Oh! eu vi que as suas divisas caíram em lugares amenos e que possuíam a linda herança (Sl 16.6).

O que me fez sentir mal foram as palavras de Cristo, registradas no evangelho de Marcos: "Subiu ao monte e chamou os que ele mesmo quis, e vieram para junto dele" (Mc 3.13). Esse versículo me fez desanimar e temer, mas também inflamou a minha alma. O que me fez temer foi esta consideração: Cristo poderia não gostar de mim, uma vez que chamava somente aqueles que ele mesmo queria. Oh! a glória que vi naquele bendito estado envolveu tanto o meu coração, que eu mal podia ler a respeito de alguém a quem Cristo chamara, sem desejar: se eu estivesse no lugar de um desses! Se eu fosse Pedro! Se eu fosse João! Ou: se, ao menos, eu estivesse lá e o ouvisse, quando ele os chamou! Como eu teria clamado: "Ó Senhor, chama-me também!" Mas tinha medo de que ele não me chamaria.

De fato, o Senhor permitiu que eu continuasse assim por muitos meses, sem revelar-me se eu já era dele ou se seria chamado no futuro. Por fim, depois de muito tempo e de muito rogar a Deus que pudesse compartilhar da chamada santa e celestial, este versículo veio ao meu coração: "Expiarei o sangue dos que não foram expiados, porque o Senhor habitará em Sião" (Jl 3.21). Pensei que estas palavras haviam sido enviadas para encorajar-me a continuar esperando em Deus; e para mim elas significaram que chegaria o tempo em que eu seria verdadeiramente convertido a Cristo, se até aquele momento eu não o era.

Encontrarei consolação?

Nessa época, comecei a compartilhar meus pensamentos e experiências com aquelas pessoas de Bedford e lhes falei sobre a minha condição. Elas, por sua vez, contaram ao senhor Gifford, que separou tempo para conversar comigo. O senhor Gifford estava disposto a acreditar nas coisas que eu dizia, embora, como pensei, com pouca convicção. Todavia, ele me convidou para ir à sua casa, onde pude ouvi-lo conversar com outros sobre a obra de Deus em suas almas. A partir de tudo isso, tive maior convicção e, daquele tempo em diante, comecei a perceber algo concernente à vaidade e à miséria interior de meu coração perverso. Até àquele momento, eu sabia pouco a respeito dessa miséria. Agora ela começava a ficar visível, e pude vê-la agindo em meu coração, em um nível que nunca tinha visto antes.

Descobri que a lascívia e a corrupção se manifestavam em meu íntimo por meio de pensamentos e desejos maus que eu não conhecia antes. Meus desejos pelo céu e pela vida começaram a desvanecer. Descobri também que, embora a minha alma antes estivera cheia de anseios por Deus, agora começava a desejar ardentemente toda vaidade insensata. De fato, meu coração não seria impelido a considerar o que era bom; começou a se mostrar negligente em relação à minha alma e ao céu. Hesitaria, com frequência, em envolver-se e realizar os deveres. Isso era como um peso na perna de um pássaro, impedindo-o de voar. Eu pensei; estou ficando cada vez pior — estou agora mais distante da conversão do que antes. Minha alma começou a afundar em desespero, e comecei a nutrir tamanho desânimo, em meu íntimo, que me senti profundamente abatido, como se estivesse no inferno. Mesmo seu eu tivesse sido queimado na estaca, não podia acreditar que Cristo me amava. Infelizmente, não conseguia ouvi-lo, nem vê-lo, nem apreciar qualquer das coisas concernentes a ele! Era como se eu estivesse sendo impelido por uma tempestade. Meu coração era imundo, e os cananeus habitariam a terra.

Às vezes, eu falava de minha condição ao povo de Deus, os quais mostravam compaixão, quando ouviam sobre minha situação e me falavam das promessas de Deus. Mas não fazia diferença para mim se diziam que eu precisava tocar o sol com os dedos ou se me mandavam receber ou confiar nas promessas. Logo que tentei fazer isso, toda a razão e o sentimento se opuseram contra mim. Vi que tinha um coração que se empenharia em pecar e que estava debaixo de uma lei que condenava. Com frequência, estas coisas me faziam pensar sobre o jovem endemoniado que foi levado por seu pai até Cristo e que, ao aproximar-se dele, foi atirado ao chão pelo demônio. O jovem foi tão ferido pelo Maligno, que caiu e revolveu-se, espumando. (Mc 9.20; Lc 9.42).

Além disso, nesses dias vi meu coração se fechando para o Senhor e sua santa Palavra. Senti minha descrença fechando a porta do coração e mantendo Cristo de fora, embora eu houvesse clamado com profundos lamentos: Bom Senhor, arrombe-a. Senhor, arrombe estas portas de bronze e quebre as trancas de ferro (ver Sl 107.16). As seguintes palavras criavam, às vezes, um momento de paz em meu coração: "Eu te cingirei, ainda que não me conheces" (Is 45.5). No que diz respeito a cometer atos pecaminosos, nunca estive tão sensível como agora. Quanto a isso, minha atitude foi mudada completamente. Não ousava pegar um alfinete ou um graveto, ainda que fosse tão fino como palha, pois percebia que minha consciência estava sensível e sofreria mesmo ao toque mais delicado. Eu não sabia como expressar-me, com medo de apresentar minhas palavras incorretamente. Eu era cuidadoso em tudo que fazia ou dizia! Sentia-me como se estivesse num pântano que se agitava quando eu me movia; também me sentia abandonado por Deus, por Cristo e pelo Espírito e todas as boas coisas.

Observei que, apesar de ser tão grande pecador, antes da conversão, Deus nunca me sobrecarregou intensamente com a culpa dos pecados cometidos enquanto estava na ignorância. Ele me mostrou apenas que estaria perdido, se não tivesse Cristo, porque eu era um pecador. Vi que precisava de uma justiça perfeita, para apresentar-me sem culpa diante de Deus. E essa justiça poderia ser encontrada tão--somente na pessoa de Jesus Cristo. Mas o pecado original e a corrupção interior – que eram a minha desgraça e aflição – era o que eu via se manifestar dentro de mim, de modo terrível. Isso me fazia sentir culpado num grau surpreendente. Por essa razão, aos meus próprios olhos, eu era mais repugnante do que um sapo e pensava ser assim aos olhos de Deus. Pecado e corrupção, eu dizia, jorrariam naturalmente de meu coração, assim como a água jorra da fonte. Agora eu pensava que qualquer pessoa tinha um coração melhor do que o meu. Poderia trocar meu coração pelo de qualquer indivíduo. Pensava que ninguém, exceto o próprio diabo, podia igualar-se a mim em iniquidade e corrupção mental. Então, caí em profundo desespero ante à percepção de meu próprio pecado e corrupção. Concluí que a condição na qual eu estava não poderia ser conciliada com o estado de graça. Certamente, pensei, sou rejeitado por Deus. Certamente, fui entregue ao diabo e à disposição mental reprovável. Continuei desse modo durante um longo período, por vários anos.

Enquanto era afligido dessa maneira, com temores de minha própria condenação, duas coisas me faziam pensar. A primeira: ver pessoas idosas buscando as coisas desta vida, como se fossem viver aqui para sempre. A segunda: encontrar aqueles que professavam ser crentes em angústia e abatimento quando sofriam perdas físicas, como a morte do esposo, da esposa, do filho, etc. Senhor, eu pensava, tanto alvoroço por coisas tão insignificantes como essas! Como alguns buscam as coisas terrenas e que pesar outros sentem por perderem-nas! Se trabalham tanto e derramam tantas lágrimas pelas coisas desta vida, como sou digno de que os outros chorem e orem por mim e tenham pena de mim! Minha alma está morrendo; está amaldiçoada. Se ela estivesse em bom estado, e eu mesmo, convencido disso, quão rico eu me consideraria, embora fosse abençoado apenas com pão e água! Consideraria estas pequenas aflições e as suportaria como fardos leves. Entretanto, quem pode suportar um espírito afligido?

Cristo removerá a minha culpa?

Apesar de severamente preocupado, agitado e aflito com a visão, a consciência e o terror de minha própria iniquidade, temia que esta visão e esta consciência deixassem minha mente. Descobri que, se a culpa da consciência não fosse removida da maneira certa – ou seja, pelo sangue de Cristo – o estado da pessoa se tornaria pior, perdendo ela a mente preocupada. Portanto, se minha culpa pesasse intensamente sobre mim, eu suplicaria a Deus que o sangue de Cristo a removesse. Mas, se a culpa fosse removida sem a aplicação da obra redentora de Cristo – visto que, às vezes, a minha consciência de pecado pareceria desaparecer completamente – eu me esforçaria para restaurá-la em meu coração, lembrando-me da punição do pecado no inferno, e clamaria: Senhor, que a culpa seja removida de meu coração somente quando isso puder ser feito da maneira certa, por meio do sangue de Cristo e da aplicação de tua misericórdia à minha alma, por intermédio dele. Este versículo estava firme em meu coração e mente: "Sem derramamento de sangue, não há remissão" (Hb 9.22). Fiquei ainda mais assustado ao ver pessoas que, embora lamentassem e orassem, ao sentir as aflições da consciência, e recebessem algum alívio de suas inquietações (em vez de perdão de pecados), não se importavam com a maneira segundo a qual haviam perdido a sua culpa; interessava-lhes apenas o alívio de sua consciência. Depois de libertos erroneamente da culpa, não eram santificados por meio dessa libertação e se tornavam mais endurecidos, cegos e perversos, depois do tempo de sua inquietação. Isso me deixou temeroso e me fez suplicar a Deus que tal não acontecesse comigo. Estava triste por Deus me haver criado, pois temia que fosse condenado. Eu considerava o não-convertido como a mais infeliz de todas as criaturas de Deus. Afligido e atribulado dessa maneira a respeito de meu estado infeliz, considerava-me, acima de muitas outras pessoas, singularmente destituído da benção de Deus.

De fato, eu pensava ser impossível alcançar tanta santidade de coração, que chegasse ao ponto de agradecer a Deus por me haver criado. De tudo o que Deus fez, o homem é, certamente, a mais nobre de todas as criaturas do mundo. Mas, por causa do pecado, o homem se tornou desprezível. Tenho como abençoada a condição dos animais, pássaros e peixes: eles não possuem uma natureza pecaminosa; não são objetos da ira de Deus, nem são destinados ao inferno após a morte. Portanto, eu me regozijaria se fosse um deles.

> "O tentador me afligiu com desencorajamentos como estes: "Você possui um desejo ardente por misericórdia, mas o esfriarei; esse estado de coração e mente não durará para sempre."
>
> *John Bunyan*

Capítulo 5
INTENSIFICADOS OS ATAQUES DE SATANÁS

Capítulo 5
INTENSIFICADOS OS ATAQUES DE SATANÁS

Permaneci nessa condição por um longo período. Mas, quando chegou o tempo de ser confortado, ouvi um sermão sobre estas palavras de Cântico dos Cânticos: "Como és formosa, querida minha, como és formosa!" (Ct 4.1.) Nesta ocasião, o pregador fez das palavras "querida minha" o seu tema principal e dessas palavras tirou suas conclusões, após ter exposto um pouco do texto. Ele concluiu: que a igreja e, portanto, cada alma salva é (1) amada por Cristo, embora não seja amorosa; (2) é amada imerecidamente por Cristo; (3) é amada por Cristo mesmo quando é odiada pelo mundo; (4) é amada por Cristo quando passa por tentação e rejeição; (5) é amada por Cristo do princípio ao fim.

Não me beneficiei de nada que o pregador disse no princípio. Quando chegou à aplicação do quarto ponto, ele disse: "Se a alma salva é amada por Cristo, quando passa por tentação e abandono, então, ó pobre alma tentada, quando você for assaltada e afligida com tentações e com a ausência de Cristo, pense nestas duas palavras: 'Querida minha'".

ALÍVIO TEMPORÁRIO

Quando eu voltava para casa, essas palavras retornaram aos meus pensamentos. Lembro que conforme elas entravam em minha mente, eu dizia no coração: "como o meditar nessas duas palavras me beneficiará?" Este pensamento não me sobreveio antes destas palavras começarem a agitar-se em meu espírito: "Você é meu amado, você é meu amado", repetindo-se vinte vezes. E quanto mais elas fluíam em meu pensamento, tanto mais fortes e calorosas se tornavam, fazendo-me olhar para o alto. Contudo, ainda dividido entre esperança e medo, retruquei em meu coração: "será verdade? Será verdade?" Nesse instante, ocorreu-me o seguinte versículo: "... não sabendo que era real o que se fazia por meio do anjo" (At 12.9).

Então, comecei a receber a mensagem que, repetidas vezes, ressoava poderosamente a sua jubilosa melodia em minha alma: "Você é meu amado. Você é meu amado; nada o separará do meu amor." Isso me trouxe ao coração abundante conforto e esperança. Agora eu podia crer que meus pecados seriam perdoados. De fato, estava tão tomado pelo amor e pela misericórdia de Deus, que não soube me conter, até que cheguei em casa. Pensei que poderia ter falado do amor e da misericórdia de Cristo até para os corvos que pousavam nas terras lavradas ao meu redor, se eles fossem capazes de entender-me. Então disse, com grande júbilo em meu coração: Bem, se eu tivesse pena e tinta aqui, anotaria isso, antes de seguir adiante; pois certamente não o esquecerei nem daqui a quarenta anos. Mas, infelizmente, em menos de quarenta dias comecei a questionar tudo novamente. E isso me fez questionar tudo até agora.

Às vezes, eu era ajudado a crer que estava ocorrendo uma verdadeira revelação da graça de Deus à minha alma, embora tivesse perdido muito do vigor e da apreciação por ela. Uma semana ou duas após isso, este versículo parecia perseguir-me: "Simão, Simão, eis que Satanás vos reclamou" (Lc 22.31). Às vezes, estas palavras soavam tão alto em meu íntimo e se dirigiam a mim de modo tão forte, que, numa ocasião mais que em outras, até olhei por sobre o ombro, pensando que alguém atrás de mim havia me chamado. Como me chamava tão alto, pensei que estivesse à grande distância de mim. Mas, como tenho pensado desde então, isso veio animar-me a orar e a vigiar. Serviu para advertir-me de que uma nuvem e uma tempestade estavam vindo sobre mim. Naquele momento, porém, não entendi. Além disso, conforme lembro, a ocasião em que a voz me chamou tão alto foi a última vez em que a ouvi. Acho que ainda posso ouvir, em voz alta as palavras "Simão, Simão!", soando em meus ouvidos. Como já falei, pensei realmente que alguém a uns 800 metros de distância me tivesse chamado. Embora aquele não fosse meu nome, o chamado me fazia olhar rapidamente ao redor, acreditando que aquele a chamar-me tão alto tencionava falar comigo. Mas eu era tão ignorante e tolo, que não sabia a razão desse som que, conforme vi e experimentei logo depois, fora enviado do céu como um alarme para me despertar e preparar para o que estava por vir. Eu apenas considerava e me perguntava qual seria o significado desse versículo e por que ele ainda estava ressoando com tanta frequência e tão alto, em meus ouvidos. Todavia, como mencionei antes, depois entendi o propósito de Deus nisso. Cerca de um mês mais tarde, uma intensa aflição me sobreveio, vinte vezes mais intensa do que qualquer coisa que eu havia enfrentado antes. Ela me envolveu aos poucos. Primeiramente, perdi toda a minha consolação, consumido por densas trevas; depois, para minha confusão e espanto, enxurradas de blasfêmias, contra Deus, contra Cristo e conta as Escrituras, afluíram ao meu espírito.

Ataques contra Deus e contra a sua Palavra

Os pensamentos profanos eram tais que suscitavam em mim perguntas a respeito do ser de Deus e de seu único Filho, isto é, se havia realmente um Deus ou um Cristo e se as Escrituras Sagradas não passavam de uma fábula, uma história astuciosa, em vez de ser a pura e santa Palavra de Deus. O tentador me atacaria muitas vezes com estas palavras: "Como você sabe se os seguidores do islamismo não possuem um livro tão bom quanto a Bíblia, para provarem que Maomé é o salvador deles, assim como provamos que Jesus é o nosso?" Além disso, eu pensaria: como pode haver um céu, se dezenas de milhares de pessoas, em vários países e reinos, desconhecem o caminho certo para o céu e somente nós, que vivemos num canto da terra somos abençoados com tal conhecimento? Todos pensam que a sua religião é correta. E se a nossa fé, o nosso Cristo e as nossas Escrituras também fossem meras opiniões?

Às vezes, me empenhava na luta contra essas idéias e refutava tais argumentos com algumas afirmações do bendito apóstolo Paulo. Mas, infelizmente, quando eu fazia isso, logo sentia que os argumentos voltavam a mim: "Ainda que atribuíssemos grande importância a Paulo e às suas palavras, como eu saberia que ele, um homem sutil e astuto, não se dedicara somente a enganar os outros com fortes ilusões, mas também se esforçara para destruir seus companheiros?"

Essas idéias, unidas a muitas outras que, nesse momento, não posso nem ouso revelar, quer por palavra escrita ou falada, apoderaram-se de meu espírito e oprimiram meu coração de forma intensa. Elas tiveram um intenso efeito sobre mim também devido à sua quantidade, constância e vigor. Senti como se não pudesse pensar em outra coisa, desde o amanhecer até à noite, e como se não houvesse, em meus pensamentos, espaço para mais nada. Concluí que Deus, em sua ira, me entregara a esses pensamentos, para ser assolado por eles. Foi somente por causa da repugnância produzida por eles, em meu espírito, que percebi haver algo em mim que se recusava a aceitá-los. Contudo, esta consideração só me ocorreu quando Deus me deu um momento de sossego. Do contrário, o clamor, a força e o poder dessas tentações inundariam, esmagariam e enterrariam todos esses pensamentos ou qualquer lembrança de tais coisas.

Ataques na mente e no corpo

Enquanto eu era tentado desta maneira, muitas vezes encontrava meu espírito desejando amaldiçoar e praguejar ou proferir alguma palavra rude contra Deus, ou Cristo, seu Filho, ou contra as Escrituras. Pensava: certamente, estou possesso pelo diabo agora! Outras vezes, pensava que devia ter perdido o juízo, pois, em vez de louvar e exaltar o Senhor Deus, quando ouvia o seu nome ser mencionado, pensamentos horríveis e blasfemos contra ele brotavam em meu coração. Assim, quer eu pensasse que Deus existia, quer pensasse não haver algo como Deus, eu não sentia amor, nem paz, nem tendência graciosa em mim.

Essas coisas me lançaram em profundo desespero, pois concluí que tais coisas não podiam existir entre aqueles que amavam a Deus. Quando essas tentações me sobrevinham com tamanha força, sempre me comparava a uma criança que algum nômade havia tomado e levado para longe de seus amigos e de sua terra. Às vezes, eu esperneava, gritava e chorava, mas ainda era apanhado pelas asas da tentação e levado pelo vento. Também pensava sobre Saul e o espírito mau que o atormentava; temia muito que minha condição fosse a mesma de Saul (1 Sm 16.14).

Nesse tempo, quando ouvia alguém falar sobre o que é chamado de pecado contra o Espírito Santo, o tentador provocava em mim o desejo de cometer aquele pecado. Parecia que eu não podia, não devia nem ficaria quieto até cometer tal pecado. Agora, além desse, nenhum outro pecado tinha qualquer atração para mim. Se tal pecado pudesse ser cometido por meio do uso de alguma palavra, parecia que a minha boca desejava falar aquela palavra, quer eu desejasse ou não que ela fosse dita. Sentia esta tentação tão forte em mim, que muitas vezes estive pronto a colocar a mão embaixo do meu queixo, para impedir a minha boca de abrir-se. Também tive, outras vezes, a idéia de pular de cabeça em algum abismo, para impedir a minha boca de falar.

Então, observei o cão e o sapo; considerei o estado das demais coisas que Deus criara como melhor do que o meu estado e o de meus companheiros, o qual era terrível. Eu aceitaria, com prazer, a condição de um cão ou de um cavalo, se soubesse que não possuíam uma alma a perecer sob o eterno peso do pecado ou do inferno, como a minha certamente pereceria. Embora percebesse, sentisse e fosse amargurado por isso, a minha tristeza foi aumentada pelo fato de que não conseguia encontrar em toda a minha alma desejo de livramento. Em meio a essas distrações, esta passagem também feriu a minha alma: "Mas os perversos são como o mar agitado, que não se pode aquietar, cujas águas lançam de si lama e lodo. Para os perversos, diz o meu Deus, não há paz" (Is 57.20-21).

Às vezes, meu coração ficava extremamente endurecido. Se me pagassem elevada quantia de dinheiro por uma lágrima, não conseguiria derramar nenhuma. Nem mesmo em outras ocasiões eu desejava verter uma lágrima. Estava muito abatido para pensar que esta poderia ser a minha sorte. Eu via que alguns lamentavam seu pecado; outros se regozijavam e bendiziam a Deus por Cristo; e outros falavam calmamente sobre a Palavra de Deus, recordando-a com alegria, enquanto somente eu estava na tempestade. Isso me fez cair em profundo desespero. Pensei que estava sozinho naquela situação. Por isso, lamentava muito a minha dura sorte, mas não conseguia sair nem me livrar dessas coisas.

Enquanto durou essa tentação — cerca de um ano — eu não me envolvia em nenhum dever cristão, sem sofrer intensamente. De fato, nessa época fui bastante oprimido por pensamentos profanos. Se ouvisse a Palavra, impureza, blasfêmias e desespero me mantinham cativo. Se estivesse lendo as Escrituras, às vezes pensava, repentinamente, em questionar tudo que havia lido. Em algumas ocasiões, minha mente era arrebatada e tomada por outras coisas, de modo tão estranho que eu não sabia, nem considerava, nem lembrava a frase que acabara de ler.

Ataques no momento da oração

Nesse tempo, fui bastante atribulado nos momentos de oração. Às vezes, pensava estar sentindo Satanás atrás de mim, puxando-me pelas roupas. Ele também estava continuamente ao redor de mim, durante os tempos de oração, para dizer: "Pare, apresse-se. Você já orou bastante, não ore mais". Em todo esse tempo, ele tentava desviar meu pensamento. Outras vezes, ele jogava sobre mim maus pensamentos, como este: eu devia orar por ou para ele. Eu pensava, por vezes, nas palavras "prostrado" ou "se, prostrado, me adorares" (Mt 4.9). Visto que me distraía enquanto realizava esse dever cristão, me esforçava para organizar meus pensamentos e fixá-los em Deus. E, quando fazia isso, o tentador valia-se de tudo para distrair-me, confundir-me e desviar meus pensamentos do verdadeiro Deus, apresentando ao meu coração e à minha imaginação a forma de um arbusto, um touro, um feixe de ramos ou algo assim, como se eu devesse orar a estas coisas. Algumas vezes, ele aprisionava tanto a minha imaginação com essas coisas, que era como se eu não pudesse pensar em nada mais, nem orar a ninguém mais, exceto a essas coisas ou a outras semelhantes.

No entanto, às vezes, eu tinha um forte e caloroso senso da presença de Deus e da veracidade de seu evangelho. Como o meu coração transbordava gemidos inexprimíveis quando isso acontecia! Oh!, Cada palavra expressava toda a aflição de minha alma. Em grande angústia, eu clamava a Deus, implorando-lhe que me tratasse de forma misericordiosa. Mas, depois, eu voltava ao desânimo, ao ter idéias como esta: Deus zombava de minhas orações, dizendo, na presença dos anjos santos: "Este pobre miserável anseia por mim, como se eu não tivesse nada melhor a fazer com minha misericórdia, exceto concedê-la a alguém como ele. Pobre alma, como está enganada! Obter o favor do Altíssimo não é para você".

OS ATAQUES CONTRA O DESEJO DA ALMA POR MISERICÓRDIA

O tentador me afligiu com desencorajamentos como estes: "Você possui um ardente desejo por misericórdia, mas o esfriarei; esse estado de coração e mente não durará para sempre. Muitos foram tão ávidos como você por um tempo, mas sufoquei o zelo deles". Nessa altura, pessoas que haviam abandonado a fé eram trazidas ante os meus olhos. Então, eu temia que isso acontecesse comigo. Mas pensei: estou feliz que isso me veio à mente. Bem, eu vigiarei e tomarei todo o cuidado possível. "Embora você faça isso", disse Satanás, "eu o tratarei com dureza. Eu o esfriarei, de modo imperceptível, pouco a pouco". "O que importa", dizia ele, "se eu levar sete anos para esfriar o seu coração, se no final eu conseguir? O balançar contínuo acalma a criança que chora, fazendo-a dormir. Eu o induzirei a render-se. No final, as coisas têm de ser como eu quero. Ainda que a sua vontade seja intensa, posso tirá-la de você. Logo o farei esfriar".

Essas coisas me levaram a grande angústia, porquanto, nessa época, não me considerava preparado para morrer. Por isso, imaginei que viver muito me tornaria ainda mais despreparado para morrer, visto que o tempo me faria esquecer tudo e recordar a malignidade do pecado. O tempo também faria desaparecer de minha mente o valor do céu e a necessidade que eu tinha do sangue de Cristo, para me purificar. Mas agradeço a Cristo Jesus, porque naquele tempo essas coisas não me fizeram diminuir o clamor. Pelo contrário, fizeram-me clamar ainda mais, como a mulher violentada (Dt 22.27). Nesses dias, depois de sofrer essas coisas por algum tempo, a seguinte passagem foi uma boa mensagem para mim: "Porque eu estou bem certo de que nem a morte, nem a vida, nem os anjos... nem qualquer outra criatura poderá separar-nos do amor de Deus, que está em Cristo Jesus, nosso Senhor" (Rm 8.38-39). Agora, eu esperava que uma vida longa não me destruísse, nem me fizesse perder o céu.

Obtive algum socorro durante a tentação, ainda que, naquele período, eu o questionei. Jeremias 3 tinha um significado para mim, assim como os pensamentos que surgiram do versículo 4 desse mesmo capítulo. Eram pensamentos de que, embora falemos e façamos tanto mal quanto somos capazes, devemos clamar a Deus desta maneira: "Pai meu, tu és o amigo da minha mocidade" e voltar a ele. Certa vez, também fiz uma agradável reflexão sobre 2 Coríntios 5.21: "Aquele que não conheceu pecado, ele o fez pecado por nós; para que, nele, fôssemos feitos justiça de Deus". Lembro-me de que um dia estava na casa de um vizinho, sentindo-me contristado, enquanto refletia sobre minhas várias blasfêmias: por que deveria pensar que, tendo sido tão vil e abominável, posso herdar a vida eterna? Estas palavras ocorreram-me repentinamente: "Que diremos, pois, à vista destas coisas? Se Deus é por nós, quem será contra nós?" (Rm 8.31.) Este outro versículo também foi um auxílio para mim: "Porque eu vivo, vós também vivereis" (Jo 14.19). Mas o conforto dessas palavras durou pouco. Eram apenas sugestões e sussurros, embora muito agradáveis no momento. Não duraram e, como o lençol de Pedro, foram recolhidas ao céu (ver At 10.16).

A graça de Deus resplandece

Mas, depois, o Senhor se revelou a mim, de maneira mais graciosa e plena. Ele não somente me livrou da culpa que essas coisas depositaram em minha consciência, mas também me limpou da impureza delas. A tentação foi removida, e fui restituído à mente santificada, como os outros crentes. Recordo que um dia, em uma viagem ao campo, eu meditava sobre a iniquidade e a blasfêmia de meu coração e considerava a inimizade que havia em mim contra Deus. Nisso, Colossenses 1.20 veio à minha mente: "Havendo feito a paz pelo sangue da sua cruz". Esse versículo me fez ver, repetidas vezes, que Deus e a minha alma eram amigos, por meio do sangue de Cristo. Vi que a justiça de Deus e a minha alma pecadora poderiam viver unidas por meio do sangue de Cristo. Esse foi um dia excelente para mim; espero que nunca o esqueça.

Em outra ocasião, eu estava sentado perto da lareira, em minha casa, contemplando a minha miséria, quando o Senhor me deu mais uma mensagem preciosa: "Visto, pois, que os filhos têm participação comum de carne e sangue, destes também ele, igualmente, participou, para que, por sua morte, destruísse aquele que tem o poder da morte, a saber, o diabo, e livrasse todos que, pelo pavor da morte, estavam sujeitos à escravidão por toda a vida" (Hb 2.14-15). Senti como se a glória destas palavras viesse sobre mim com tanta força que, mais de uma vez, estive a ponto de desmaiar, tão subjugado estava, enquanto permanecia sentado ali, não com pesar e inquietação, mas com alegria e paz inabaláveis.

> "Agora eu percebia claramente que havia uma vasta diferença entre as idéias da carne e do sangue e a revelação de Deus no céu; entre a fé simulada de acordo com a sabedoria dos homens e a fé genuína, que surge quando um homem é nascido de Deus."
>
> *John Bunyan*

Capítulo 6
A GRAÇA DE DEUS E A FÚRIA DE SATANÁS

Capítulo 6
A GRAÇA DE DEUS E A FÚRIA DE SATANÁS

Nesse tempo, estive sob o ministério do piedoso Sr. Gifford, cujos ensinos, pela graça de Deus, me deram muita estabilidade. Esse homem tinha como seu dever o livrar o povo de Deus de todas aquelas provações difíceis e prejudiciais às quais somos inclinados por natureza. Ele nos exortava a ter cautela especial em não aceitar nem crer, de boa-fé, em qualquer palavra tida como verdade dita por alguém. Devíamos suplicar intensamente a Deus que nos convencesse da realidade dessa palavra e nos firmasse nela, por meio do Espírito Santo e de sua santa Palavra. Conforme ele dizia, se você fizesse o contrário, quando a tentação lhe sobreviesse, se não tivesse recebido a palavra com uma convicção vinda do céu, descobriria que lhe faltavam o auxílio e a força necessários para resistir, os quais você imaginava possuir.

Esta palavra foi boa e oportuna à minha alma, assim como as primeiras e as últimas chuvas em seu tempo devido, pois eu havia descoberto, por minha própria e triste experiência, a veracidade das palavras dele. Eu havia sentido que nenhum homem pode confessar, especialmente quando tentado pelo diabo, que Jesus Cristo é o Senhor, se não o fizer pelo poder do Espírito Santo. Então, pela graça, me vi mais disposto a aceitar este ensino e mais inclinado a orar para que Deus não me permitisse ficar sem confirmação do céu em qualquer coisa concernente à sua glória e à minha felicidade eterna. Agora eu percebia claramente que havia uma vasta diferença entre as idéias da carne e do sangue e a revelação de Deus no céu; entre a fé simulada de acordo com a sabedoria dos homens e a fé genuína, que surge quando um homem é nascido de Deus (Mt 16.17; 1 Jo 5.1).

REVELADA A VERDADE DE DEUS

Oh! Como Deus me revelou uma verdade após outra — do nascimento e infância de seu Filho até à sua ascensão e segunda vinda do céu, para julgar o mundo! Certamente, o Deus todo-poderoso foi muito bom para comigo neste aspecto. Não me lembro de haver pedido alguma explicação a Deus que ele não me tenha dado — quero dizer, não houve uma só parte do evangelho do Senhor Jesus que eu não tenha sido levado sistematicamente a entender. Com a ampla evidência dos escritores dos quatro evangelhos, vi os maravilhosos atos de Deus em enviar Jesus Cristo para salvar-nos — desde a sua concepção e nascimento até à segunda vinda, em julgamento. Era como se eu o tivesse visto nascer, crescer, andar por este mundo, do berço à cruz. E, quando chegou à cruz, eu o vi entregar-se docilmente para ser crucificado e pregado por meus pecados e atos iníquos. Enquanto meditava sobre a vida de Jesus, a seguinte passagem da Escritura adentrou meu coração: "Ele... foi levado ao matadouro" (1 Pe 1.11, 20). Quando considerei a veracidade da ressurreição de Jesus e lembrei-me das palavras "Não me detenhas" (Jo 20.17), foi como se o visse sair do sepulcro; e regozijei-me porque ele havia ressurgido e obtido vitória sobre os nossos terríveis inimigos. Numa visão, também o contemplei como Homem sentado à direita de Deus Pai, intercedendo por mim. Vi como ele descerá do céu em glória, para julgar o mundo, e tive a confirmação destas coisas por meio dos seguintes versículos: Atos 1.9-10, 7.56, 10.42; Hebreus 7.24, 8.3; Apocalipse 1.18; 1 Tessalonicenses 4.17-18.

Certa vez, eu estava ansioso por saber se o Senhor Jesus era tanto homem quanto Deus e tanto Deus quanto homem. Não importa o que os outros digam, era verdade que naqueles dias, se uma verdade de Deus não fosse endossada pelo céu, eu não a aceitaria; permanecia hesitante. Bem, estava bastante perturbado por essa questão e não sabia como resolvê-la. Por fim, Apocalipse 5.6 veio à minha mente: "Então, vi, no meio do trono e dos quatro seres viventes e entre os anciãos, de pé, um Cordeiro". Eu pensei: no meio do trono, está a Divindade; no meio dos anciãos, está a humanidade. Estes pensamentos brilharam diante de mim. Foram uma grande bênção e me trouxeram muita satisfação. Outra passagem que me auxiliou muito foi esta: "Porque um menino nos nasceu, um filho se nos deu; o governo está sobre os seus ombros; e o seu nome será: Maravilhoso Conselheiro, Deus Forte, Pai da Eternidade, Príncipe da Paz" (Is 9.6). Além desses versículos, o Senhor usou outras duas coisas para convencer-me desta verdade. A primeira foi os erros dos fanáticos; e a segunda, a culpa do pecado. Quanto mais os fanáticos se opunham à verdade, tanto mais Deus me convencia dela, levando-me a passagens das Escrituras que proclamavam de modo maravilhoso a verdade.

Os erros que eles aceitavam eram:

1. As Escrituras Sagradas não são a Palavra de Deus;

2. Todas as pessoas no mundo possuem o Espírito de Cristo, graça, fé, etc.;

3. Cristo Jesus, tendo sido crucificado e morto há dezesseis séculos, não satisfez as exigências da justiça divina em favor dos pecados das pessoas;

4. A carne e o sangue de Cristo estão dentro dos cristãos;

5. Nem os corpos dos piedosos nem os dos ímpios ressuscitarão;

6. A ressurreição dos santos já havia acontecido;

7. O homem Jesus que foi crucificado entre dois ladrões no Calvário, na terra de Canaã, na Judéia, não ascendeu à presença de seu Pai, no céu;

8. O mesmo Jesus que morreu por ordem dos judeus não virá novamente no Último Dia e, como homem, julgará todas as nações, etc.

Naqueles dias, havia outros ensinos mais prejudiciais e abomináveis, fomentados por essas pessoas, ensinos que me impulsionaram a examinar mais completamente as Escrituras. Pela luz e o testemunho da Palavra, eu era não somente iluminado, mas também grandemente firmado e confortado na verdade.

Como já disse, a culpa do pecado também me ajudou bastante. Na mesma frequência em que ela vinha sobre mim, o sangue de Cristo a removia. E sua remoção se dava de maneira tão graciosa como as Escrituras a expõem. Oh! caros amigos, clamem a Deus que lhes revele Jesus Cristo! Não há quem ensine como ele.

A CERTEZA DA GRAÇA NO CORAÇÃO

Precisaria de muito tempo para escrever sobre isso e detalhar como Deus me convenceu de todas as verdades concernentes a seu Filho, Jesus Cristo. Também demoraria para esclarecer como, a fim de convencer-me, Deus me levou à sua Palavra, abriu meus olhos para que visse essas verdades e as fez resplandecer ante a minha face. Por causa do Senhor, elas permaneciam em mim, falavam comigo e confortavam-me inúmeras vezes. Eram verdades referentes à própria natureza de Deus, do seu Filho e do Espírito, bem como à Palavra e ao evangelho. Como já disse, e o farei novamente, falando de modo geral, Deus se agradava em agir desta maneira comigo: primeiramente, ele permitia que eu fosse afligido com tentações a respeito de sua verdade; depois, ele me revelava esta verdade. Às vezes, eu sentia a culpa do pecado sobre mim, até ao ponto de esmagar-me; então, o Senhor me revelava a morte de Cristo. Com seu sangue, ele purificava de tal forma a minha consciência (na qual, momentos antes, a Lei reinava e assolava), que eu achava, antes mesmo de me conscientizar da purificação, a paz e o amor de Deus descansando e habitando ali, por intermédio de Cristo.

Nesse tempo, pensei que tinha recebido do céu um sinal de minha salvação. Este sinal tinha muitas confirmações preciosas, e eu podia reconhecê-las com clareza. Sentia-me confortado ao lembrar esta visão e a revelação da graça. Desejava, frequentemente, que o Último Dia chegasse, para que eu fosse arrebatado para sempre pela visão, alegria e comunhão daquele cuja cabeça fora coroada de espinhos, cuja face havia sido cuspida, cujo corpo havia sido ferido e cuja alma se tornara oferta por meus pecados. Embora antes eu permanecesse, com tremor, às portas do inferno, agora eu estava tão longe delas, pensei, que, olhando para trás, mal podia vê-las. "Oh!", pensei, "como desejaria ter oitenta anos agora, para que morresse logo e minha alma adentrasse seu descanso eterno!"

Antes de afastar-me para tão longe dessas tentações, desejei muito ler sobre a experiência de um homem piedoso que tivesse escrito centenas de anos antes de eu nascer, pois eu pensava que os autores de meu tempo — peço-lhes que me perdoem por dizer isto – escreviam apenas a interpretação de outros. Também pensava que eles usavam sua habilidade intelectual somente com o propósito de responder às objeções que percebiam estar perturbando alguns, sem penetrarem as profundezas da Escritura, para descobrir as suas verdades.

Bem, um dia, após tanto desejar tal coisa, o Deus em cujas mãos estão todos os nossos caminhos trouxe-me às mãos um livro de Martinho Lutero. Era o seu comentário sobre Gálatas. Era tão velho que, se eu o manuseasse muito, se despedaçaria. Fiquei muito feliz por ter conseguido um livro antigo como aquele. Após ter lido algumas páginas, achei minha condição descrita de forma tão compreensível pela experiência de Lutero, que era como se o livro tivesse sido escrito pelo meu próprio coração. Maravilhei-me disso, pois achava que este homem não poderia saber nada a respeito da condição dos crentes de meu tempo; ele seria capaz de escrever apenas sobre a experiência de tempos anteriores. Além disso, neste livro ele discutia seriamente sobre a origem das tentações – blasfêmias, desespero e coisas semelhantes – mostrando que a lei de Moisés, assim como o diabo, a morte e o inferno têm um grande papel em tudo isso. A princípio, isso me pareceu muito estranho. Mas, à medida que o ponderava e fazia minhas próprias observações, achei que era verdade. Não pretendo dar qualquer detalhe aqui. Penso que devo dizer apenas, meu leitor, que, à parte da Bíblia Sagrada, considero este comentário de Gálatas, escrito por Martinho Lutero, como o melhor de todos os livros para uma consciência ferida.

Agora descobri que amava a Cristo. Como a minha alma se apegava a ele! Como as minhas afeições se prendiam a ele! – eu pensava. Meu amor por ele era tão ardente como o fogo. E, como Jó o dissera, eu achava que morreria em meu ninho. Mas logo descobri que meu grande amor era muito pequeno e que eu, embora pensasse que tinha um amor tão intenso por Jesus Cristo, poderia me afastar dele novamente, por conta de alguma coisa trivial. Deus sabe como nos humilhar e remover nosso orgulho.

A força da ira de Satanás

Não demorou a que meu amor fosse posto à prova e por uma boa razão. Depois que o Senhor me livrou graciosamente desta grande e dolorosa tentação, firmou-me tão ternamente na fé de seu evangelho sagrado e me deu tão forte consolação e bendita certeza concernente a meu interesse em seu amor, por meio de Cristo, que o tentador investiu contra mim novamente. E sua investida, desta vez, aconteceu por meio de uma tentação ainda mais severa e terrível do que antes. Essa tentação envolvia o vender e o afastar-me do bendito Cristo – trocá-lo pelas coisas desta vida ou por qualquer coisa. Esta tentação me afligiu durante um ano inteiro. A sua perseguição contra mim era tão contínua, que eu não conseguia me livrar dela nem sequer um dia; às vezes, nem por uma hora, durante vários dias seguidos, a não ser, é claro, quando dormia. Eu estava convencido de que as pessoas eficazmente chamadas por Cristo – como esperava, por sua graça, que eu fosse – jamais poderiam ser separadas dele, como Deus mesmo havia dito: "Também a terra não se venderá em perpetuidade, porque a terra é minha" (Lv 25.23). Apesar de acreditar nisso, eu era continuamente atormentado pela idéia de que pudesse ter sequer um pensamento contra Cristo, que fizera tanto por mim. Contudo, poucos dos meus pensamentos não eram blasfemos.

Nem meu desgosto por tal pensamento nem qualquer desejo ou esforço para resisti-lo minou ou diminuiu a sua persistência, força ou poder. Era incessante a sua invasão em meus pensamentos, tanto que eu nem podia comer, inclinar-me para apanhar um alfinete, nem dar uma olhada em uma coisa ou outra sem que a tentação estivesse ali: "Venda a Cristo por isto; venda a Cristo por aquilo; venda-o, venda-o!" Às vezes isto dava voltas em minha mente mais de cem vezes: "Venda-o, venda-o, venda-o!" Por várias horas a cada vez, eu era forçado a permanecer firme, direcionando continuamente o peso e a força de meu espírito contra esta tentação, a fim de que eu porventura me conscientizasse dela, para que pensamentos iníquos não surgissem em meu coração e eu não consentisse com eles. Às vezes, o tentador me fazia acreditar que eu havia consentido. Então, me sentia como se tivesse sido torturado numa roda, durante muitos dias.

O resultado desta tentação foi o medo de que, em algum tempo, eu consentiria e seria dominado por ela. A força mental necessária na luta para refutar e resistir a esta perversidade fez meu corpo reagir, sendo minhas mãos e cotovelos compelidos a resistir. Em todo o tempo, tão rápido quanto o destruidor dizia: "Venda-o", eu respondia: não venderei, não venderei, não venderei; não, nem por milhares, milhares, milhares de mundos". Eu o contestava, em meio a esses ataques, para que eu não menosprezasse a Cristo. Eu o fazia pelo tempo que fosse necessário para restabelecer a consciência da situação em que me encontrava ou para recuperar minha tranquilidade. Durante esses períodos, ele não deixava que eu me alimentasse em paz. Quando eu sentava à mesa para fazer as refeições, ele me instruía, sem falhar, a orar, a parar de comer imediatamente e empenhar-me a orar, tão hábil esse demônio era em fingir santidade. Quando eu era tentado dessa maneira, dizia a mim mesmo: "Estou fazendo minha refeição agora; deixe-me terminá-la". "Não", ele dizia, "Você tem de orar agora ou então estará desagradando a Deus e desprezando a Cristo". Eu era bastante perturbado por estas coisas, devido à pecaminosidade de minha natureza; pois, caso essas ordens tivessem vindo de Deus e eu me recusasse a obedecê-las, não seria como se eu tivesse negado o próprio Deus? Mas não seria de igual modo culpado, se obedecesse à tentação do diabo e, fazendo-o, quebrasse a lei de Deus?

Resumindo: uma manhã, enquanto estava deitado em minha cama, fui, como em muitas ocasiões, mais ferozmente atacado por essa tentação de trocar Cristo por outras coisas e desistir dele. A perversa sugestão:

"Venda-o, venda-o, venda-o, venda-o", ainda fluía em minha mente. Tão rápido quanto um homem pode falar, eu respondi, como em outras vezes: "Não, não, nem por milhares, milhares, milhares!" Devo ter replicado pelo menos umas vinte vezes. Por fim, após muita luta, até ao ponto de quase perder o ar, este pensamento passou por meu coração: "Deixe-o ir, se é isto que ele quer", e pensei estar sentindo que meu coração também consentia com isso, de bom grado. Ah! Diligência de Satanás! Ah! Desesperada perversidade do coração humano!

A batalha havia sido ganha agora, e eu caí, como um passarinho que fora acertado no topo da árvore, em grande culpa e pavoroso desespero. Abatido, saí da cama e fui para os campos. Só Deus sabe com que peso no coração eu saí. Este se encontrava tão pesado quanto um homem mortal pode suportar, acredito. No espaço de duas horas, eu estava como um homem destituído de vida, irrecuperavelmente entregue à punição eterna.

Além disso, minha alma foi fascinada por esta passagem: "Nem haja algum impuro ou profano, como foi Esaú, o qual, por um repasto, vendeu o seu direito de primogenitura. Pois sabeis também que, posteriormente, querendo herdar a bênção, foi rejeitado, pois não achou lugar de arrependimento, embora, com lágrimas, o tivesse buscado" (Hb 12.16-17).

O poder condenador da Palavra

Agora eu era como um homem encarcerado; eu me sentia como se tivesse sido trancado até que viesse o julgamento. Pelos dois anos seguintes, nada, exceto maldição e expectativa de maldição permanecia comigo. Repito: nada, exceto isso, persistiu em meus pensamentos, além de alguns momentos de alívio, como mostrarão os eventos seguintes. Por muitos meses, estas palavras eram para minha alma como grilhões de bronze nas minhas pernas, cujo tinido me acompanhava aonde quer que eu fosse.

Por volta das dez ou onze horas daquele dia, eu estava caminhando em um bosque, cheio de tristeza e culpa – Deus o sabe – lamentando o fato angustiante de que tal pensamento tivesse surgido dentro de mim quando, repentinamente, esta declaração reluziu diante de mim: "O sangue de Cristo anula toda a culpa!" Nesse instante, parei de meditar, e estas palavras tomaram conta de mim: "O sangue de Jesus, seu Filho, nos purifica de todo pecado" (1 Jo 1.7).

Comecei a ter paz em minha alma. Era como se visse o tentador olhar-me com desconfiança, enquanto saía às escondidas, envergonhado do que havia feito. Ao mesmo tempo, meu pecado e o sangue de Cristo foram ilustrados a mim desta maneira: meu pecado, quando comparado ao sangue de Cristo, não era maior do que um pequeno torrão de terra ou uma pequena pedra, perante o vasto campo que eu via a meu redor. Isto me encorajou muito por duas ou três horas, período durante o qual pensei ter visto, pela fé, o Filho de Deus sofrendo por meus pecados.

Como essas sensações não duraram muito, um sentimento de extrema culpa logo fez com que meu espírito desfalecesse novamente, e isto, em grande parte, devido às palavras da passagem mencionada anteriormente, as quais falam de Esaú vendendo seu direito de primogenitura. Aquela passagem encheu meus pensamentos durante todo o dia, toda a semana, o ano inteiro e oprimiu tanto meu espírito que fiquei incapaz de recobrar o ânimo. Quando me esforcei para voltar a uma passagem ou outra, a fim de obter alívio, aquele versículo em particular ainda soava em minha mente: "Pois sabeis também que, posteriormente, querendo herdar a bênção... não achou lugar de arrependimento, embora, com lágrimas, o tivesse buscado". Às vezes, este versículo: "Eu, porém, roguei por ti, para que a tua fé não desfaleça" (Lc 22.32) me trazia algum descanso, mas este não durava. Eu também não encontrava, ao considerar o meu estado, tendo pecado como pequei, qualquer base para crer, o mínimo que fosse, que havia alguma raiz da graça em mim. Durante muitos dias, fiquei arrasado. Meu corpo e minha alma, ambos eram muito oprimidos por inquietação.

Então, pesarosa e cuidadosamente, comecei a considerar a natureza e a extensão de meu pecado e a buscar a Palavra de Deus, para ver se poderia discernir, em algum lugar, uma promessa ou um versículo encorajador que me desse algum alívio. Assim, comecei refletindo sobre Marcos 3.28: "Tudo será perdoado aos filhos dos homens: os pecados e as blasfêmias que proferirem". De imediato, esse texto pareceu conter uma grande e gloriosa promessa de perdão de pecados graves. Contudo, tendo estudado o texto de modo mais completo, concluí que ele deveria ser compreendido como que se referindo especificamente àqueles que, como descrentes, tivessem cometido os pecados mencionados nele. Esse texto não se referia a mim, que não somente recebera luz e misericórdia, mas que, tendo-os recebido e rejeitado, tanto desprezei a Cristo. Eu estava, portanto, temeroso de que este meu pecado perverso pudesse ser o pecado imperdoável, mencionado em Marcos 3.29: "Mas aquele que blasfemar contra o Espírito Santo não tem perdão para sempre, visto que é réu de pecado eterno". Resolvi ficar atento à condenação deste pecado por causa do versículo de Hebreus: "Pois sabeis também que, posteriormente, querendo herdar a bênção, foi rejeitado, pois não achou lugar de arrependimento, embora, com lágrimas, o tivesse buscado". E este versículo sempre estava comigo. Agora eu era um fardo e um terror para mim mesmo. Nunca havia entendido bem o que era estar fatigado da vida e, ao mesmo tempo, ter medo de morrer. Oh! quão felizmente eu trocaria de lugar com qualquer um – com qualquer coisa que não fosse um homem e não estivesse na condição em que me encontrava! Pois nada passava com mais frequência em minha mente do que o pensamento de que era impossível a mim ser perdoado do meu pecado e ser salvo da ira vindoura.

Então, comecei a esforçar-me para relembrar o passado, desejando duas mil vezes que o dia em que fui tentado a cometer tal pecado ainda estivesse por vir. Sentindo grande indignação contra mim mesmo e contra todos os ataques direcionados a mim, concluí que preferia ser rasgado em pedaços do que ser achado consentindo com tais coisas. Mas, infelizmente, esses pensamentos, desejos e resoluções eram agora muito tardios para me socorrer! Esta consideração passara por meu coração, deixando nele esta conclusão: Deus me deu uma oportunidade e eu caí. "Ah!", pensei, "Quem me dera ser como fui nos meses passados, como nos dias em que Deus me guardava!" (Jó 29.2).

Relutando em perecer, comecei a comparar meu pecado com os dos outros, a fim de ver se algum dos que eram salvos tinha pecado como eu pequei. Então refleti sobre o adultério e assassinato de Davi e os considerei abomináveis, os quais haviam sido cometidos após a luz e a graça terem sido recebidas. Ainda que avaliasse as transgressões de Davi como sendo apenas contra a Lei de Moisés, da qual o Senhor Jesus poderia, com o consentimento de sua palavra, livrá-lo, a minha transgressão foi contra o evangelho, contra o próprio Mediador; eu havia vendido meu Salvador. Novamente eu me sentia sob tortura, quando pensava que, além da culpa que se apoderara de mim, eu devia estar tão destituído da graça, tão amaldiçoado. Haverá pecado como este?, pensei. Será esta a grande transgressão?" (ver Sl 19.13). Teria o Maligno tocado minha alma? (ver 1 Jo 5.18). Ah! que aguilhão esses versículos traziam! Haverá apenas um pecado imperdoável, um pecado que coloca a alma além do alcance da misericórdia de Deus, e seria eu culpado deste pecado? Tem de ser assim? Existe apenas um pecado, entre tantos os milhões de pecados, para o qual não há perdão, e eu tenho de cometer esse pecado? Ah, pecado infeliz! Ah, homem infeliz! Essas coisas quebrantaram tanto meu espírito e me confundiram tanto, que eu não sabia o que fazer. Às vezes, pensava que elas me fariam perder a cabeça, e, para aumentar minha penúria, estas palavras se repetiam em minha mente: "Pois sabeis também que, posteriormente, querendo herdar a bênção, foi rejeitado". Ninguém, a não ser eu mesmo, conheceu o terror daqueles dias!

"Qualquer coisa que eu pensasse a respeito disso me desanimava. Se eu meditasse sobre como Deus sustentava o seu povo, isso me abatia; se meditasse sobre como eu havia caído, isso também me desanimava."

John Bunyan

Capítulo 7
A AGONIA DO CORAÇÃO E DA MENTE

Capítulo 7
A AGONIA DO CORAÇÃO E DA MENTE

Depois destas coisas, comecei a considerar o pecado que Pedro cometeu, ao negar seu Mestre. De tantos exemplos que pude achar, esse era o que mais se aproximava de meu pecado, uma vez que ele havia negado seu Salvador como eu neguei, depois de ter recebido luz e misericórdia e também depois de ter sido avisado. Além disso, considerei que Pedro o fez uma vez e o repetiu duas, ainda que teve tempo para pensar entre cada ato de negação. Mesmo colocando todas essas circunstâncias juntas, a fim de encontrar algum auxílio, se fosse possível, eu achava que o pecado de Pedro fora apenas a negação de seu Senhor, enquanto o meu foi a venda de meu Salvador. Então, concluí que cheguei mais próximo de Judas do que de Davi ou Pedro. Outra vez, meu tormento se intensificou e me afligiu. De fato, isso me destruiu, ao pensar que Deus preservara os outros, enquanto eu havia caído na armadilha. Considerando os pecados de outros e comparando-os com o meu próprio, eu via claramente que Deus os preservara, a despeito de sua maldade, e não os deixara tornar-se filhos da perdição, como deixou a mim.

O FAVOR DE DEUS — A MAIOR DAS BÊNÇÃOS!

Ah! como agora eu estimava a preservação com que Deus abençoou seu povo! Ah! com que segurança caminhavam aqueles a quem Deus cercava! Eles estavam sob o seu cuidado, proteção e providência especial, ainda que fossem, por natureza, tão pecadores quanto eu. Mas, porque Deus os amava, não os deixaria cair além dos limites de sua misericórdia.

Quanto a mim, estava alienado dele; havia caído. Deus não me preservaria, nem me guardaria. Ele me permitiu que caísse daquela maneira porque eu era um réprobo. Agora, aquelas passagens abençoadas que falam da preservação do povo de Deus resplandeciam como o sol diante de mim, não para me confortar, mas para mostrar-me o estado e a herança abençoados daqueles a quem Deus abençoou.

Agora eu via que, assim como a mão de Deus estava em todas as providências e dispensações que vieram sobre o seu povo eleito, assim também a sua mão estava em todas as tentações que lhes aconteciam, seduzindo-os a pecar contra ele. Deus faz isso, não para incitá-los à perversidade, mas, antes, ele escolhe sabiamente tentações e infortúnios para seus eleitos, e os deixa ser afligidos por essas coisas por um tempo, não para que sejam destruídos, e sim humilhados por essas provas — para que não fiquem além de sua misericórdia, e sim receberem as renovações dessa misericórdia. Oh! que amor, que cuidado, que bondade e misericórdia agora eu via misturados à mais severa e terrível de todos os tratos de Deus com seu povo! Ele permitiu que Davi, Ezequias, Salomão, Pedro e outros caíssem, mas não para que descessem tão baixo a ponto de cometerem o pecado imperdoável ou descessem ao inferno por causa desse pecado. Ah!, pensei, esses foram homens que Deus amou! Foram homens que, apesar de castigados por Deus, foram também mantidos por ele em segurança, os quais ele faz habitar sob a sombra do Todo-Poderoso.

Todos esses pensamentos acrescentaram-me pesar, dor e horror. Qualquer coisa que eu pensasse a respeito disso me desanimava. Se eu meditasse sobre como Deus sustentava o seu povo, isso me abatia; se meditasse sobre como eu havia caído, isso também me desanimava. Como todas as coisas cooperam para o bem de, e para fazer o bem, àqueles que são chamados de acordo com seu propósito, no que diz respeito a mim, pensava que todas as coisas contribuíam para minha destruição e ruína eterna.

Então comecei a comparar meu pecado com o pecado de Judas, para averiguar a possibilidade de meu pecado ser diferente daquele que é verdadeiramente imperdoável. Ah!, pensei, se ele divergisse, ainda que tão pouco quanto a largura de um fio de cabelo, em que feliz estado minha alma se encontraria! Refletindo, percebi que Judas cometera seu pecado intencionalmente, ao passo que o meu pecado aconteceu em meio a muita oração e relutância. Além disso, Judas pecou com deliberação; a minha transgressão veio sobre mim num ímpeto terrível, subitamente.

Em todo esse tempo, eu era lançado de um lado para outro como um gafanhoto, sendo movido para frente e para trás, da preocupação ao pesar; e as palavras sobre queda de Esaú e suas terríveis conseqüências ecoavam permanentemente em meus ouvidos.

Esta consideração sobre o pecado de Judas trouxe um breve alívio. Quando levei em conta a maneira pela qual isto havia acontecido, vi que não havia transgredido tão plenamente como ele. Mas esse ponto de vista logo se foi de minha mente, visto que me ocorreu o pensamento de que, quanto a mim mesmo, poderia haver outras maneiras de cometer esse pecado imperdoável. Pensei também, que pudessem existir graus para esse pecado, do mesmo modo como havia para outras transgressões. Assim, pelo que pude perceber, naquele tempo, minha iniquidade poderia ser tão grande a ponto de nunca ser perdoada. Agora estava sempre envergonhado devido à possibilidade de ser tão vil quanto Judas. Quão repugnante eu pareceria a todos os santos, no Dia do Julgamento, ao perceber que agora eu dificilmente via um homem bom, sobre o qual eu pensava ter uma boa consciência, sem que sentisse meu coração tremer, enquanto estivesse em sua presença! Que glória vi em andar com Deus e que misericórdia era ter uma boa consciência diante dele!

Extremamente afligido

Nesse tempo fui muito tentado a aquietar-me, dando atenção a alguns falsos ensinamentos — ensinamentos tais como: não havia tal coisa como Dia do Julgamento; não ressuscitaríamos; o pecado não era algo tão grave. O tentador sugeria: "Se estas coisas são verdadeiras, acreditar no contrário lhe dará paz no presente. Se você vai perecer, não se atormente antecipadamente; apague de sua mente todo pensamento de maldição, entregando-a às conclusões que ateístas e ranters usam para ajudarem a si mesmos". Entretanto, quando tais reflexões percorriam meu coração, a morte e o Juízo se punham aos meus olhos, bem perto de mim. Imaginava que o Juiz estava ali, à porta; era como se o tempo de meu julgamento houvesse chegado, e, assim, tais pensamentos não podiam ser nutridos. Contudo, isso me faz entender que Satanás usaria quaisquer meios para afastar de Cristo as almas; ele não pode tolerar a consciência despertada; insegurança, cegueira, escuridão e erro são o reino e o local de habitação do Maligno. Descobri que era necessário muito esforço para orar a Deus, porque o desespero estava me consumindo. Eu achava que estava sendo lançado para longe de Deus, do mesmo modo como um tempestade lança alguém para longe, e todas as vezes que clamava a Deus por misericórdia, isto era o que me vinha à mente: "É muito tarde; estou perdido. Deus me permitiu cair, não para minha correção, mas para minha condenação. Meu pecado é imperdoável. Eu sei, quanto a Esaú, que depois de ter vendido seu direito de primogenitura, ele desejou receber a bênção, mas foi rejeitado!"

Por volta desse tempo, deparei-me com a terrível história de Francis Spira, um homem miserável, em um livro que foi, para meu espírito angustiado, como o sal esfregado sobre uma ferida recém-aberta. Cada frase naquele livro, cada gemido daquele homem, assim como o restante das ações que surgiram de sua aflição, tais como suas lágrimas, suas orações, seu ranger de dentes, o comprimir de suas mãos, seu contorcer, o seu enfraquecimento e o seu consumir-se de desgosto, sob a mão poderosa de Deus, a qual estava sobre ele, eram como facas e punhais em minha alma. Esta frase, em particular, era aterrorizante para mim: "O homem conhece o começo do pecado, mas quem põe limites às suas consequências?" Então, aquela declaração anterior, como conclusão de tudo isso, caiu novamente, como um raio, sobre minha consciência: "Pois sabeis também que, posteriormente, querendo herdar a bênção, foi rejeitado, pois não achou lugar de arrependimento, embora, com lágrimas, o tivesse buscado".

Por isso, fui afetado por um severo surto de tremores, tão intenso que, às vezes, por dias seguidos, eu sentia todo o meu corpo, assim como minha mente, sacudir e cambalear sob a forte consciência que tinha do terrível julgamento de Deus que cairia sobre aqueles que haviam cometido esse temível e imperdoável pecado. Tive uma sensação de dor e ardência em meu estômago por causa do terror, e algumas vezes sentia como se meu esterno fosse se quebrar em dois. Então, pensei em Judas que, precipitando-se, rompeu-se pelo meio, e todas as suas entranhas se derramaram (At 1.18).

Eu tinha medo de que o temor e o tremor contínuos que experimentava fossem o mesmo selo que Deus colocara sobre Caim, quando o acusou, com o fardo pesado da culpa, por derramar o sangue de seu irmão Abel.

Assim, me contorcia, confundia e encolhia sob o fardo que tanto me oprimia; não conseguia pôr-me de pé, nem descansar ou sossegar. Contudo, por vezes, o Salmo 68.18 vinha à minha mente: "Recebeste homens por dádivas, até mesmo rebeldes". Os rebeldes, eu pensava, certamente são aqueles que viveram em sujeição ao seu Príncipe e que, depois de jurar fidelidade ao seu governo, erguem os braços contra ele. Esta é a minha condição, pensei. Eu, uma vez, o amei, o temi, o servi, mas agora sou um rebelde. Eu o vendi. Eu disse: deixe-o ir, se é isso que ele quer. Entretanto, apesar disso, ele possui dádivas para os rebeldes, então, por que não para mim? Às vezes, eu ponderava e fazia todo esforço para prender-me a este raciocínio, na esperança de que, por meio dele, eu concebesse algum pensamento que me confortasse, ainda que pouco. Mas eu não conseguia realizar esse desejo, pois era afastado dele. Mesmo quando encontrava um lugar de alívio, eu era como um homem a caminho de sua execução, o qual rastejaria para lá alegremente e lá se esconderia.

Agonia da mente

Depois de haver considerado particularmente os pecados dos crentes, descobri que os meus eram piores e surgiu uma necessidade de considerar os fatos apropriadamente. Eu juntaria todos os seus pecados e os compararia com os meus. Isso não me traria encorajamento? Pois, se os meus pecados, apesar de maiores do que os de uma pessoa qualquer, são iguais a todos os outros juntos, então há esperança. Pois o sangue que possui virtude para purificar todos os pecados deles, deve ter virtude suficiente para purificar os meus, ainda que fossem tão grandes, senão até maiores, do que todos os pecados dos outros juntos. Então, considerei de novo o pecado de Davi, de Salomão, de Manassés, de Pedro e dos demais grandes transgressores, e me empenhei, dentro da razão, por fazê-los piores e mais evidentes, usando diversas circunstâncias. Dizia a mim mesmo que Davi derramou sangue para encobrir seu adultério — e pela espada dos filhos de Amom — um feito que não teria sido realizado sem um astuto planejamento, o que agravou o seu pecado.

Contudo, isso se voltava contra mim e me atacava: "Mas esses foram meros pecados contra a Lei, pelos quais Jesus fora enviado como Salvador; o seu pecado é contra o Salvador, e quem o salvaria disso?" Pensei em Salomão e em como ele pecou, amando mulheres que não pertenciam ao seu povo, abandonando o seu Deus por causa dos ídolos delas e construindo-lhes templos, não obstante houvesse sido iluminado. Salomão fez tudo isto quando tinha idade avançada, após ter recebido grande misericórdia. Mas a mesma conclusão que surgiu para me confrontar, em minha deliberação anterior, confrontou-me novamente, isto é, esses eram apenas pecados contra a Lei, para os quais Deus providenciou um remédio; mas eu havia vendido meu Salvador e já não restava sacrifício pelo pecado. Então, adicionei aos pecados desses homens os pecados de Manassés; como ele havia edificado altares para ídolos, na casa do Senhor. Ele também observava tempos e estações, usava feitiços, relacionava-se com feiticeiros, era ele mesmo um feiticeiro e médium, queimou seus filhos em sacrifício a demônios e encheu as ruas de Jerusalém do sangue de inocentes. Estes, pensei, são grandes pecados, vermelhos como o carmesim. Mas estas palavras (voltariam a mim) me atacariam novamente: "Nenhum desses pecados possui a mesma natureza do seu; você se apartou de Jesus, você vendeu seu Salvador". Esta consideração, por si, sempre me abatia: meu pecado fora diretamente contra o meu Salvador, com tão grande magnitude que disse em meu coração: deixe-o ir, se é isso que ele quer. Ah! Pareceu-me que esse pecado era maior que os pecados de um país, de um reino, do mundo inteiro! Não um pecado perdoável, nem todos os pecados perdoáveis juntos se igualavam ao meu; o meu superava a todos.

Agora via minha alma fugindo de Deus, como da face de um terrível juiz; porém, meu tormento era a impossibilidade de escapar de sua mão: "Horrível coisa é cair nas mãos do Deus vivo" (Hb 10.31). Mas, bendita seja a sua graça, pois, mesmo enquanto eu fugia, este versículo bradava, como que me buscando: "Desfaço as tuas transgressões como a névoa e os teus pecados, como a nuvem; torna-te para mim, porque eu te remi" (Is 44.22). Este versículo vinha à minha mente enquanto eu fugia da presença de Deus. Decerto, eu fugia dele – isto é, minha mente e meu espírito fugiam de sua presença por causa de sua impressionante majestade, que eu não podia suportar. Então o texto bradava: "Torna-te para mim". Ele clamava com força: "Torna-te para mim, porque eu te remi!"

De fato, isso me fazia parar momentaneamente e olhar para trás, por sobre meus ombros, tentando perceber o Deus da graça a me seguir, com perdão em suas mãos. Quando eu fazia esse movimento, tudo se cobria de nuvens e escurecia novamente, pela ação destas palavras: "Pois sabeis também que, posteriormente, querendo herdar a bênção... não achou lugar de arrependimento, embora, com lágrimas, o tivesse buscado". Então, não conseguia parar, mas fugia, apesar de, por vezes, ouvir a voz: "Torna-te, torna-te", como se estivesse me chamando. Mas, tinha medo de render-me a um chamado que não viesse de Deus, uma vez que outra passagem, como disse, ainda soava em minha consciência: "Pois sabeis também que, posteriormente, querendo herdar a bênção, foi rejeitado".

Uma estranha providência

Certa vez, eu andava de um lado para o outro, na loja de um homem piedoso, lamentando meu triste e deplorável estado, afligindo a mim mesmo com um sentimento de aversão por este iníquo e impiedoso pensamento, queixando-me desta ocorrência adversa, de que eu houvesse cometido tão grande pecado, e temendo que não fosse perdoado. Em meu coração, eu também orava pedindo que, se meu pecado fosse diferente do pecado imperdoável contra o Espírito Santo, que o Senhor o revelasse a mim. Estava quase a ponto de esmorecer devido ao temor, quando, repentinamente, houve um ruído de vento por sobre mim. Ele parecia ter entrado, com ímpeto, pela janela, e era muito agradável. Foi como se tivesse ouvido uma voz através desse vento, a qual dizia: "Você, alguma vez, recusou ser justificado pelo sangue de Cristo?" Além disso, toda a minha profissão de fé passada foi observada diante de mim num instante, e fui levado a ver que nunca rejeitei deliberada e intencionalmente a justificação em Cristo. Assim, meu coração suspirou em resposta: "Não".

Em seguida, a Palavra de Deus veio sobre mim poderosamente: "Tende cuidado, não recuseis ao que fala" (Hb 12.25). Esse versículo fascinou meu espírito de modo estranho; trouxe luz e ordenou que silenciassem todos aqueles pensamentos tumultuosos em meu coração que, à semelhança de cães furiosos do inferno, urravam e bramavam e faziam um horrível barulho dentro de mim. Esse versículo também me mostrou que Jesus Cristo ainda tinha uma palavra de graça e misericórdia para mim e que não tinha, como eu temia, rejeitado por completo, nem lançado fora a minha alma. De fato, essa palavra teve um tipo de efeito restritivo sobre minha inclinação ao desespero — um tipo de ameaça que, se não resistisse aos meus pecados e ao seu caráter abominável, não estaria confiando minha salvação ao Filho de Deus.

A minha conclusão a respeito dessa estranha visitação, o que ela significava, ou de onde vinha, eu não sei. Por vinte anos, tenho sido incapaz de chegar a qualquer conclusão sobre ela. O que pensei, naquela ocasião, ainda reluto em dizer. De fato, aquele vento repentino e impetuoso foi como se um anjo tivesse vindo a mim. Entretanto, a compreensão sobre aquele vento e sobre a minha salvação deixarei para o Dia do Julgamento. Tudo que direi é que aquela palavra trouxe grande paz à minha alma; ela me persuadiu de que ainda havia esperança; mostrou-me, como pensei, o que era o pecado imperdoável e que minha alma ainda possuía o privilégio abençoado de correr para Jesus Cristo, a fim de obter misericórdia. A respeito da visitação, ainda não sei o que dizer. Com toda sinceridade, foi por essa razão que não falei sobre isso antes no livro. Deixarei o acontecido à consideração dos homens de bom julgamento. Não deposito a certeza de minha salvação sobre isso, mas sobre o Senhor Jesus, conforme a promessa de sua Palavra. Ao revelar aqui, coisas profundas e secretas, penso que talvez não seja, de todo, inapropriado permitir que esse fato seja conhecido, embora hoje eu não consiga relatá-lo exatamente como o experimentei. Esta paz de espírito durou cerca de três ou quatro dias, e novamente comecei a desconfiar e desesperar-me.

EM ESTADO DE TORMENTO

Portanto, minha vida ainda era incerta para mim; eu não sabia que caminho devia tomar. O único desejo de minha alma era o de lançar-se aos pés da graça em oração e súplica. Ah! Como era difícil para mim ter coragem para orar a Cristo por misericórdia, aquele contra quem eu havia pecado horrivelmente! Foi difícil me dispor a contemplar o rosto daquele contra quem eu tanto havia pecado. De fato, achava mais difícil ir a Deus em oração, depois de ter apostatado dele, do que qualquer outra coisa. Oh, que vergonha senti, especialmente ao pensar que começaria a orar por misericórdia àquele que eu tivera em pouca estima, instantes atrás! Estava envergonhado, e até confuso, porque esse mal tinha sido causado por mim, mas vi que só dispunha de um caminho: eu devia ir a ele, humilhar-me em sua presença e implorar que ele, em sua maravilhosa misericórdia, tivesse compaixão de mim e misericórdia de minha miserável alma pecadora.

Quando o tentador percebeu isso, sugeriu-me fortemente que não orasse a Deus, uma vez que oração não era para alguém em meu estado; nem me faria bem algum, porque eu havia rejeitado o mediador, por meio do qual todas as orações têm aceitação diante de Deus, o Pai, e sem o qual nenhuma oração chegaria à sua presença. "Orar agora é apenas acumular mais pecado a este grande pecado; orar agora, vendo que Deus o rejeitou, é a próxima coisa a despertar sua ira e ofendê-lo mais que antes. Como Deus diz, ele está fatigado de você todos estes anos, porque você não pertence a ele; seus berros nos ouvidos dele não lhe têm sido agradáveis, logo, ele permitiu que você cometesse este pecado, para que seja lançado fora completamente. E você ainda vai orar?"

O diabo incitou-me a pensar assim e trouxe a mim aquela passagem de Números na qual Moisés disse aos filhos de Israel que, por não terem eles tomado posse da terra prometida, quando Deus lhes ordenou que o fizessem, ele os privaria dela para sempre, mesmo tendo eles orado com lágrimas para que pudessem entrar na terra (Nm 14.36-45). Como diz outro versículo: "Se alguém vier maliciosamente contra o próximo, matando-o à traição, tirá-lo-ás até mesmo do meu altar, para que morra" (Ex 21.14) — como o fez Salomão a Joabe, quando este pensava ter achado abrigo no tabernáculo (1 Rs 2.28-34). O aguilhão desses versos era afiado; e, como estava desesperado, pensei comigo: só me resta morrer; e, se tem de ser assim, um dia será dito que morri aos pés de Cristo em oração. Eu pensava assim, Deus o sabe, mas com grande dificuldade, porque, tanto este como aquele versículo sobre Esaú ainda estavam diante de meu coração, como uma espada flamejante, para guardar o caminho da árvore da vida, para que eu não comesse dela e vivesse.

Oh! Quem sabe o quão difícil foi vir a Deus em oração? Também desejei que o povo de Deus orasse por mim, mas temi que Deus não lhe desse desejo de fazê-lo. De fato, tremia em minha alma, ao pensar que em breve um ou outro dos filhos de Deus me diria que ele lhes dissera as mesmas palavras que uma vez falou ao profeta, com relação aos filhos de Israel: "Tu, pois, não ores por este povo... porque não os ouvirei" (Jr 11.14). "Não ores por ele, pois eu o rejeitei." Pensei que ele já tivesse sussurrado isso para alguns deles e que apenas não ousavam contar-me. Nem eu ousava perguntar-lhes, pois se fosse verdade, eu ficaria arrasado. "O homem conhece o início do pecado", disse Spira, "mas quem põe limites às suas conseqüências?"

Nesse período, tive a oportunidade de abrir meu coração a uma pessoa que era cristã havia muitos anos e contei-lhe todas as minhas aflições espirituais. Disse-lhe que temia haver pecado contra o Espírito Santo, e ele me disse que também pensava que eu o tinha feito. Com relação a isso, portanto, não recebi nada além de um falso conforto. Contudo, quando falei um pouco mais com ele, descobri que, apesar de ser um bom homem, ele não possuía a experiência de muitas lutas com o Maligno.

Assim, recorri a Deus novamente, da melhor maneira que pude, suplicando sua misericórdia. O tentador começou a zombar de minha miséria, dizendo que, desde que eu havia rompido com o Senhor Jesus desta maneira e provocado desgosto no Único que poderia permanecer entre minha alma e a chama do fogo devorador, só havia um caminho diante de mim, o qual consistia em orar para que Deus Pai fosse o mediador entre seu Filho e eu, para que Ele fosse reconciliado novamente e, nele, eu tivesse aquele sagrado benefício que os santos desfrutam. Então, a seguinte passagem das Escrituras prendeu minha atenção: "Se ele resolveu alguma coisa, quem o pode dissuadir?" Oh! Então vi que era mais fácil persuadi-lo a fazer uma nova aliança, ou uma nova Bíblia, além da que já temos do que orar por tal coisa . Fazer isso seria tentar persuadi-lo de que aquilo que ele já fizera era tolice e que ele deveria alterar, deveras anular, todo o plano de salvação. Este versículo arrasou minha alma: "E não há salvação em nenhum outro; porque abaixo do céu não existe nenhum outro nome, dado entre os homens, pelo qual importa que sejamos salvos" (At 4.12).

Agora as mais livres, completas e graciosas palavras do evangelho eram os maiores tormentos para mim. De fato, nada me afligia tanto como o pensar em Jesus Cristo, a lembrança de um Salvador, porque eu o havia rejeitado e trazido à mente o mal do meu pecado e o meu prejuízo. Nada causava mais remorso do que isso. Tudo que eu pensava sobre o Senhor Jesus, sobre sua graça, amor, bondade, benevolência, mansidão, humildade, morte, sangue, promessas e benditas exortações, conforto e consolações era como uma espada atravessando minha alma. Além disso, em todas as minhas reflexões sobre o Senhor Jesus, estes pensamentos tomavam lugar em meu coração: sim, este é Jesus, o amável Salvador, o Filho de Deus de quem você se afastou, a quem você negligenciou, desprezou e de quem abusou; este é o único salvador, o único redentor, o único que tanto amou pecadores, que os lavou de seu pecado em seu sangue preciosíssimo. Mas você não tem parte nem quinhão com este Jesus; você se afastou dele; disse em seu coração: "deixe-o ir, vê é isso que ele quer". Portanto, agora você está separado dele; você se separou dele. Contemple sua bondade, mas você mesmo não participará dela. Ah!, pensei, o que perdi? De que me separei? O que deserdou minha pobre alma! Ah! é triste ser destruído pela graça e misericórdia de Deus – ter o cordeiro, o salvador, tornado-se leão e destruidor (Ap 6).

Também tremia, como disse, à vista dos santos de Deus, especialmente aqueles que muito o amavam e priorizavam o caminhar continuamente com ele neste mundo. Sentia como se eles, por suas palavras, sua capacidade de suportar e todas as suas expressões de sensibilidade e temor de pecar contra seu precioso salvador me fizessem sentir culpado e acrescentassem vergonha e aflição contínuas à minha alma. O pavor deles estava sobre mim, e eu tremia diante de cada Samuel de Deus (1 Sm 16.4).

> "Estou verdadeiramente inclinado a pensar que isso veio de Deus, pois a palavra da lei e da ira deve dar lugar à palavra da vida e da graça; porque, apesar de a palavra da condenação ser gloriosa, a palavra da vida e da salvação excede, sobremaneira, em glória, a palavra da condenação."
>
> *John Bunyan*

Capítulo 8

O TRIUNFO DA GRAÇA

Capítulo 8

O TRIUNFO DA GRAÇA

Mais uma vez o tentador começou a zombar de minha alma e, agora, de um modo diferente, dizendo que Cristo realmente tinha compaixão de meu estado e sentia muito por minha miséria. Entretanto, porque eu havia pecado e transgredido da maneira como o fiz, ele não podia, de forma alguma, ajudar-me, nem salvar-me do que eu temia, pois meu pecado não era como os pecados daqueles pelos quais ele derramou seu sangue e morreu. Meu pecado também não era contado entre aqueles que estavam sobre ele no momento em que entregou sua vida no madeiro. Portanto, a não ser que Cristo descesse do céu e morresse novamente por este meu pecado, ele não poderia abençoar-me, embora se compadecesse grandemente de mim. Estas coisas podem parecer ridículas aos outros, tal como são ridículas por si mesmas, mas para mim eram as considerações mais atormentadoras. Cada uma delas aumentava minha miséria — que Jesus Cristo tinha tanto amor, de modo a compadecer-se de mim, embora isso não me servisse de auxílio. Eu não pensava que Cristo não me ajudava por que seus méritos eram pequenos ou por que sua graça e salvação já haviam sido empregadas na vida de outros; antes, eu pensava que sua fidelidade às suas admoestações não lhe permitia estender sua misericórdia a mim. Ademais, como já sugeri, pensava que meu pecado estava fora dos limites do perdão envolvido numa promessa; e, se estava fora, eu certamente sabia que seria mais fácil os céus e a terra passarem do que eu obter vida eterna. Então, o motivo dos meus temores surgiu de uma crença firme que eu tinha na imutabilidade da santa Palavra de Deus e de ter sido mal informado a respeito da natureza de meu pecado. Oh! Como isto aumentou a minha aflição: considerar que eu era culpado de um pecado pelo qual ele não morreu! Esses pensamentos me aprisionavam além do alcance da fé e me confundiam tanto, que eu não sabia o que fazer. Mas pensei: ah! se ele viesse à terra novamente! Se a obra de redenção estivesse ainda a ser realizada por Cristo! Como eu oraria e suplicaria para que este pecado fosse contado entre aqueles pelos quais ele morreria! Mas este versículo me abatia: "Havendo Cristo ressuscitado dentre os mortos, já não morre; a morte já não tem domínio sobre ele" (Rm 6.9). Assim, pelos estranhos e incomuns ataques do tentador, minha alma era como uma embarcação quebrada, dirigida pelos ventos e algumas vezes lançada impetuosamente no desespero; às vezes, na aliança das obras, e outras vezes, a desejar que a nova aliança e suas condições pudessem, até onde me interessava, ser mudadas e feitas de outro modo. No entanto, em tudo isso, eu era como aqueles que se lançam contra as pedras: quebrado, dividido e espalhado.

Oh! as imprevisíveis imaginações, pavores, amplas confusões e os medos e terrores que são causados por uma aplicação completa da culpa, rendendo-se ao desespero! Este é o homem que habita entre as sepulturas, com os mortos, que está sempre clamando e se cortando com pedras (Mc 5.2-5). Mas eu digo, tudo isso é inútil; o desespero não o confortará, a antiga aliança não o salvará. Não, a terra e o céu passarão antes que um til ou um i da Palavra e da lei da graça falhem ou sejam removidos. Eu vi isso, senti isso e suspirei por causa disso. E isso me trouxe esta vantagem: uma confirmação adicional sobre a certeza do caminho da salvação e sobre o fato de que as Escrituras são a Palavra de Deus. Ah! não posso expressar o que vi e senti a respeito da constância de Jesus Cristo, a Rocha da Salvação! O que havia sido feito não poderia ser desfeito, aumentado ou alterado. Percebi que o pecado pode lançar a alma para longe de Cristo, especialmente o pecado imperdoável; mas, ai daquele que for afastado assim, pois a Palavra o excluirá!

Deste modo, eu estava sempre afundando, não obstante o que eu pensasse ou fizesse. Então, um dia eu caminhei até uma cidade vizinha, sentei-me sobre um banco na rua e caí em profunda reflexão a respeito da terrível condição a que meu pecado me havia trazido. Após muita contemplação, ergui a cabeça e senti como se o sol que brilha nos céus desse, de má vontade, a sua luz e como se as próprias pedras na rua e as telhas das casas se desviassem de mim. Pensava que eles estavam todos unidos para banir-me do mundo. Eu lhes era abominável e inadequado para viver entre eles ou para ter parte nos benefícios que eles ofereciam, porque eu havia pecado contra o salvador. Ah! quão feliz era cada coisa criada em comparação a mim! Todas elas permaneciam firmes e mantinham sua posição e função neste mundo, mas eu estava perdido.

UM RAIO DE ESPERANÇA

Então, com a amargura de minha alma, disse a mim mesmo com um suspiro doloroso: como pode Deus confortar tal miserável? Acabara de dizer isso, quando as seguintes palavras voltaram a mim, como um eco responde a uma voz: "este pecado não é para morte". Neste momento, senti como se tivesse sido erguido da sepultura e clamei novamente: Senhor, como podes achar palavras como estas?, pois estava cheio de admiração diante da conveniência e da resposta inesperada que aquela afirmação continha – a conveniência da palavra, a exatidão do seu tempo, o poder, o deleite, a luz e a glória que vieram com ela eram coisas maravilhosas para eu descobrir. Encontrava-me num período em que tinha certeza a respeito do que antes me fizera duvidar tanto. Meus temores antigos eram que meu pecado fosse imperdoável e que, portanto, eu não tivesse direito de orar, de arrepender-me, etc.; ou que, mesmo orando e arrependendo-me, não conseguisse proveito algum. Mas agora eu pensava: se este pecado não é para morte, então é perdoável. Por causa disso, fui encorajado a vir a Deus por meio de Cristo, para obter misericórdia, a considerar a promessa de perdão como aquela que permanece de braços abertos para receber tanto a mim quanto a outros. Isto, portanto, acalmou a minha alma – ou seja, pensar que meu pecado era perdoável e que não era pecado para morte (1 Jo 5.16-17). Somente aqueles que sabem, por experiência própria, o que era o meu transtorno, podem dizer que alívio veio à minha alma por meio deste raciocínio. Este alívio era a libertação de meus antigos laços e um abrigo das antigas tempestades. Agora, eu parecia estar sobre a mesma base que outros pecadores e parecia ter o mesmo direito à Palavra e à oração como qualquer deles.

Agora eu tinha esperança de que meu pecado não era imperdoável e de que poderia obter perdão. Mas Satanás usou isso para me fazer desanimar novamente. Ele não conseguiu fazer isso, de maneira alguma, nem naquele dia, nem durante a maior parte do dia seguinte, porque a afirmação "este pecado não é para morte" permaneceu como um amparo para mim. Entretanto, na noite seguinte, senti que esta palavra começava a deixar-me e a retirar de mim o seu amparo.

Então, retornei aos meus antigos temores, mas fortemente ressentido e irritado, porque temia a dor do desespero, como se minha fé não pudesse reter esta palavra por muito tempo. Contudo, na noite seguinte, oprimido por tantos temores, busquei o Senhor e, enquanto orava, eu chorava, e minha alma clamava ao Senhor nestas palavras de apelo veemente: ó Senhor, suplico que me mostres que me tens amado com amor infinito. Mal terminara de dizer isso, e as seguintes palavras vieram a mim de modo tão agradável, como um eco, ou uma frase que ressoava: "Com amor eterno eu te amei" (Jr 31.3). Então, fui para a cama em paz e, quando acordei na manhã seguinte, essa frase estava ainda em minha alma e cri em suas palavras. Mas o tentador não me deixava; por mais de cem vezes ele lutou para tirar minha paz naquele dia. Oh! Que grandes lutas e conflitos conheci! Enquanto lutava para agarrar-me àquele versículo, as palavras sobre Esaú moviam-se em minha frente como que brilhando. Às vezes, eu oscilava entre sensações de alívio e abatimento por vinte vezes em uma hora. Mas Deus me susteve e conservou meu coração focalizado em sua Palavra, da qual eu obtive, por vários dias seguidos, muita alegria e reconfortante esperança de perdão. Era assim que ela vinha a mim: "Eu amei você mesmo quando cometeu aquele pecado. Eu amava você antes, ainda o amo e o amarei para sempre".

Contudo, eu via meu pecado como o mais bárbaro e imundo crime e não pude deixar de concluir, com grande vergonha e assombro, que tinha insultado terrivelmente o santo Filho de Deus. Então, senti minha alma compadecer-se dele e amá-lo muito e, no meu íntimo, o desejei, enquanto percebi que ele ainda era meu amigo e retribuíra com o bem o mal que eu fizera. Sim, o amor e a afeição que ardiam dentro em mim por meu Senhor e Salvador Jesus Cristo encorajavam, naquele momento, um forte e apaixonado desejo de vingança contra mim mesmo devido à maneira como o insultei. Para expressar com palavras o que eu pensava, diria que se tivesse 4.500 litros de sangue em minhas veias, de boa vontade eu os derramaria todos à ordem de meu Senhor e Salvador e aos seus pés.

Enquanto contemplava isso e, em minha deliberação, considerava como amar o Senhor e como expressar meu amor por ele, estes versículos vieram a mim: "Se observares, SENHOR, iniquidades, quem, Senhor, subsistirá? Contigo, porém, está o perdão, para que te temam" (Sl 130.3-4). Estas eram boas palavras para mim, especialmente a última parte, que afirma haver perdão com o Senhor, a fim de que ele seja temido – ou seja, conforme entendi na época, a fim de que ele seja amado e reverenciado. Ficou claro para mim que o Deus Todo-poderoso valorizava tanto o amor de suas criaturas pecadoras que, ao contrário de ficar sem o amor delas, ele prefere perdoar suas transgressões! Mais tarde, o seguinte versículo tornou-se apropriado para mim, e fui revigorado por ele: "Para que te lembres e te envergonhes, e nunca mais fale a tua boca soberbamente, por causa do teu opróbrio, quando eu te houver perdoado tudo quanto fizeste, diz o SENHOR Deus" (Ez 16.63).

Assim, isto ficou em minha alma desta vez: ser libertado para sempre da aflição da minha culpa e do assombro anteriores, como pensava. Mas, antes que muitas semanas tivessem se passado, comecei a ficar novamente desesperado, com receio de que, a despeito de tudo que havia gozado, pudesse ser enganado e destruído, no final. Ocorreu-me a forte consideração de que no fim eu não encontraria o conforto e a paz que pensava que receberia da palavra da promessa de vida, se não existisse em minha reconfortante experiência uma concordância com as Escrituras – independentemente do que eu pensasse sobre isso ou de quanto me apegasse a elas – pois "A Escritura não pode falhar" (Jo 10.35). Então meu coração voltou a doer e temer um possível desapontamento no final. Comecei a examinar com toda seriedade meu conforto anterior, e a considerar se alguém que houvesse pecado como eu poderia crer na fidelidade de Deus, conforme afirmado nas palavras por meio das quais havia sido confortado e nas quais me apoiava.

Novamente em desespero

Mas estas palavras vieram à minha mente: "É impossível, pois, que aqueles que uma vez foram iluminados, e provaram o dom celestial, e se tornaram participantes do Espírito Santo, e provaram a boa palavra de Deus e os poderes do mundo vindouro, e caíram, sim, é impossível outra vez renová-los para arrependimento" (Hb 6.4-6); "Porque, se vivermos deliberadamente em pecado, depois de termos recebido o pleno conhecimento da verdade, já não resta sacrifício pelos pecados; pelo contrário, certa expectação horrível de juízo e fogo vingador prestes a consumir os adversários" (Hb 10.26-27). E também: "Como foi Esaú, o qual, por um repasto, vendeu o seu direito de primogenitura. Pois sabeis também que, posteriormente, querendo herdar a bênção, foi rejeitado, pois não achou lugar de arrependimento, embora, com lágrimas, o tivesse buscado" (Hb 12.16-17).

Nesta altura, a palavra do evangelho foi arrancada de minha alma, de modo que nem promessa nem encorajamento fossem encontrados na Bíblia para mim; pelo contrário, estas palavras trabalhavam em meu espírito, a fim de afligir-me: "Não te alegres, ó Israel, não exultes como os povos" (Os 9.1). De fato, vi que existia motivo de alegria para aqueles que tinham a Jesus; mas, quanto a mim, eu havia me excluído por minhas transgressões e não deixei a mim mesmo lugar onde meu pé ou minha mão pudessem firmar-se, entre todos os amparos e apoios da preciosa Palavra da vida. Agora sentia-me, verdadeiramente, caindo num abismo, como uma casa cujo alicerce é destruído. Nessa condição, assemelhava-me a uma criança que havia caído num poço e que, apesar de poder fazer alguma tentativa de subir e mover-se na água, morreria ao fim, porque não pôde achar algo em que se agarrar.

Logo que este novo ataque prendeu minha alma, as seguintes palavras da Escritura vieram ao meu coração: "Isto será por muitos dias", e, de fato, achei que foi assim mesmo, pois não pude livrar-me disso, nem ter paz novamente, até que se passassem quase dois anos e meio. Apesar dessas palavras por si mesmas não me levarem ao desencorajamento, como eu temia que a minha condição fosse eterna, elas eram, por vezes, úteis e reanimadoras, pois pensava: "muitos dias" não significam para sempre — "muitos dias" terão um fim. Assim, apesar de que seria afligido durante não poucos, e sim muitos dias, estava feliz pelo fato de que isso seria apenas por "muitos dias". Desse modo, às vezes conseguia lembrar e ser encorajado, pois sempre que a palavra me vinha à mente, meu pensamento imediato era que minha aflição duraria um longo tempo. Mas esse encorajamento vinha somente em alguns momentos, uma vez que nem sempre pensava na frase, nem era auxiliado por ela quando o fazia.

Quando as Escrituras vieram a mim e me convenceram, uma vez mais, de meu pecado, as palavras de Lucas 18.1, entre outras, me encorajaram a orar. Então, mais uma vez o tentador me atacou severamente, insinuando que nem a misericórdia de Deus nem o sangue de Cristo possuíam qualquer preocupação comigo e que não podiam auxiliar-me quanto ao meu pecado, sendo, portanto, em vão orar. Ainda assim, orarei, eu pensava. "Mas", dizia o tentador, "seu pecado é imperdoável". "Bem, eu orarei" – eu replicava. "Isto é inútil", ele dizia. "Ainda assim, orarei" – eu respondia. Então orei a Deus e, enquanto orava, proferi estas palavras: "Senhor, Satanás me diz que nem a tua misericórdia, nem o sangue de Cristo são suficientes para salvar minha alma. Senhor, eu honrarei a ti crendo que tu podes me salvar e o fará ou a ele, crendo que tu não me salvarás, nem o poderás fazê-lo? Senhor, eu alegremente te honrarei crendo que tu podes e o farás". Assim estava eu diante do Senhor, quando este versículo prendeu-se ao meu coração: "Ó homem, grande é a tua fé!" (Mt 15.28), como se alguém tivesse me batido nas costas, enquanto eu estava de joelhos diante de Deus. Contudo, não fui capaz de crer que essa era uma oração de fé, até que se passassem quase seis meses, porque não pensava que tinha fé ou que houvesse uma palavra sobre a qual pudesse basear minha fé. Era como se ainda estivesse preso às garras do desespero e lamentasse por toda parte, num triste estado.

Esperança em meio à dúvida

Eu ansiava pelo esclarecimento dessa dúvida, mais do que por qualquer outra coisa. Enquanto eu desejava intensamente saber se, de fato, havia esperança para mim, estas palavras fluíram em minha mente: "Rejeita o Senhor para sempre? Acaso, não torna a ser propício? Cessou perpetuamente a sua graça? Caducou a sua promessa para todas as gerações? Esqueceu-se Deus de ser benigno? Ou, na sua ira, terá ele reprimido as suas misericórdias? (Sl 77.7-9.) Durante todo o tempo em que estas palavras fluíam por minha mente, pensei ainda ter a seguinte resposta: a questão é se ele rejeitou ou não. Pode ser que ele não tenha rejeitado. Sim, o questionamento parecia carregar em si uma afirmação segura de que, de fato, ele não rejeitara, nem rejeitaria, mas seria favorável. Parecia afirmar que sua promessa não falha e que ele não esquecera de ser benigno; que não reprimira sua terna misericórdia. Ao mesmo tempo, havia algo em meu coração, um pensamento agradável que surgia de uma passagem da qual não me recordo agora, mas que me fizera concluir que sua misericórdia poderia não ter findado completamente, nem cessado para sempre.

Lembro outra ocasião em que eu estava novamente sobrecarregado com a incerteza sobre a suficiência do sangue de Cristo para salvar minha alma – permaneci nesta dúvida desde a manhã até às sete ou oito horas da noite. Quando, enfim, atingi o ponto do esgotamento, devido ao temor de que o sangue de Cristo não estivesse sobre mim, estas palavras soaram de repente em meu coração: "Ele pode!" Eu pensei ter ouvido esta palavra "pode" em voz alta; ela parecia-me uma palavra magnífica; parecia estar escrita em letras grandes e afugentou meu medo e minha dúvida – durante o tempo que permaneceu comigo, que foi por volta de um dia – de um modo que jamais me aconteceu em toda minha vida, nem antes, nem desde então (Hb 7.25).

Uma manhã, quando eu orava novamente e tremia com medo de que nenhuma palavra de Deus me pudesse socorrer, parte de um versículo entrou em minha mente como um dardo: "Minha graça... basta". Diante disso, parei de orar e de tremer, sentindo que talvez houvesse esperança. Oh! como é bom que Deus envie sua Palavra! Por volta de duas semanas antes, eu estava olhando esse mesmo texto e pensei que ele não poderia confortar minha alma. Ofendido, eu joguei o meu livro. Pensei que tal promessa não era ampla o suficiente para incluir-me — não, não é ampla o bastante. Mas, agora, era como se esse texto tivesse braços de graça tão longos que podiam envolver não só a mim, mas a muitos outros também. Essas palavras me confortaram por sete ou oito semanas, ainda que em meio a grandes conflitos. Às vezes, minha paz ia e vinha vinte vezes num dia — por um instante, conforto; depois, angústia; por um momento, paz; então, antes que eu prosseguisse um pouco, enchia-me de tanto medo e culpa quanto um coração podia suportar. Isso não ocorria somente de vez em quando, mas foi minha experiência por sete semanas completas. A questão da suficiência da graça e da desistência de Esaú do seu direito de primogenitura era como uma balança de dois pratos em minha mente — cada prato por vezes subia e por vezes descia, trazendo-me paz ou angústia, conforme o movimento.

Portanto, ainda orava a Deus com a intenção de que ele gravasse esse versículo de modo mais completo em meu coração, ou seja, que ele me ajudasse a aplicar o versículo inteiro a mim mesmo, pois eu ainda não o podia. Aceitei o que Deus me deu do referido verso, mas, além disso, nada conseguia. As palavras: "Minha graça... basta" apenas me ajudaram a ter esperança de que houvesse misericórdia para mim. E, apesar de não fazerem mais que isso, elas responderam à minha antiga indagação — de que havia esperança. Ainda mais, por ter sido deixado de fora o "te", não fiquei satisfeito, mas orei a Deus a respeito disso também. Então, um dia, enquanto estava numa reunião com o povo de Deus, sentindo-me cheio de tristeza e terror por conta do retorno de meus temores e pensando que minha alma não melhorara, mas que minha condição era a mais triste e temerosa, estas palavras de súbito invadiram meus pensamentos com grande poder: "Minha graça é suficiente a você; minha graça é suficiente a você; minha graça é suficiente a você", três vezes. Ah! cada palavra era poderosa para mim, como "minha", e "graça", e "suficiente", e "a você". Elas foram naquela ocasião, e às vezes ainda são, palavras muito mais magníficas que outras.

Nesse tempo, meu entendimento foi tão iluminado que era como se eu tivesse visto o Senhor Jesus olhando do céu para mim, através do telhado e dirigindo essas palavras a mim. Por causa disso, voltei para casa pesaroso. Isso partiu meu coração, e me encheu de alegria, e me rebaixou ao nível do pó; apenas sua glória e conforto reanimador não permaneceram comigo por muito tempo. Contudo, essas palavras continuaram comigo por várias semanas e me encorajaram a ter esperança. Mas, assim que sua poderosa ação foi removida de meu coração, aquele outro pensamento sobre Esaú voltou a mim como antes. Minha alma ficou novamente como que numa balança de dois pratos, às vezes subia, às vezes descia; num momento, em paz, e logo depois, em terror.

Permaneci assim por muitas semanas, oscilando entre o consolo e tormento; às vezes, meu tomento era especialmente forte. Todas aquelas passagens em Hebreus, mencionadas antes, eram trazidas diante de mim como os únicos versos que me excluiriam do céu. Então, eu começava a arrepender-me de nunca ter pensado nisso antes e raciocinava comigo mesmo desta maneira: Ora, quantas passagens existem contra mim? Apenas três ou quatro; não poderia Deus ignorá-las e salvar-me, a despeito delas? Então, por vezes eu pensava: Ah! se não fosse por estes três ou quatro versículos, como eu poderia ser confortado!" E, às vezes, mal podia refrear-me de desejar que estivessem fora da Bíblia.

Verifiquei se Pedro, Paulo, João e todos os santos escritores me menosprezariam e diriam: "Todas as nossas palavras são verdadeiras, todas têm o mesmo peso. Não fomos nós que rejeitamos você, mas você mesmo se excluiu. Não há afirmações às quais você deva se apegar, exceto estas e outras semelhantes: 'É impossível' (Hb 6.4); 'Já não resta sacrifício pelos pecados' (Hb 10.26); 'Pois melhor lhes fora nunca tivessem conhecido o caminho da justiça do que, após conhecê-lo, volverem para trás, apartando-se do santo mandamento que lhes fora dado' (2 Pe 2.21); 'A Escritura não pode falhar' (Jo 10.35)". Vi que estes, assim como os anciãos da cidade de refúgio, eram juízes tanto de minha pessoa quanto de minha condição, enquanto permanecia em meu encalço o vingador de sangue. Eu estremecia às portas da cidade de refúgio e suplicava por livramento. Temeroso e desconfiado, eu receava que eles me deixassem de fora para sempre (Js 20.3-4). Estava assim confuso, sem saber o que fazer ou como obter alguma paz na questão da concordância das Escrituras com a salvação de minha alma. Eu temia os apóstolos, pois sabia que suas palavras eram verdadeiras e permaneceriam para sempre.

Lembro-me de certo dia em que estava um tanto instável de espírito. Concluí que estas mudanças eram determinadas pela natureza de muitas das passagens que vinham à minha mente. Se o versículo falava de graça, me acalmava o espírito; mas, se fosse aquele versículo sobre Esaú, eu ficava atormentado. Senhor, pensei, se ambos os versículos se encontrarem em meu coração de uma só vez, qual deles será mais forte em mim? Então, desejei que os dois viessem a mim ao mesmo tempo; de fato, desejei isso de Deus. Bem, dois ou três dias depois, eles realmente vieram. Os dois adentraram minha mente como um dardo, de uma só vez, agindo e lutando com força por um período. Por fim, o versículo sobre o direito de primogenitura de Esaú começou a enfraquecer, a retrair-se e a desaparecer; e o versículo sobre a suficiência da graça prevaleceu com paz e alegria.

Enquanto refletia pensava sobre isso, a seguinte passagem me veio à mente: "A misericórdia triunfa sobre o juízo" (Tg 2.13). Isto foi um milagre para mim. Estou verdadeiramente inclinado a pensar que isso veio de Deus, pois a palavra da lei e da ira deve dar lugar à palavra da vida e da graça; porque, apesar de a palavra da condenação ser gloriosa, a palavra da vida e da salvação excede, sobremaneira, em glória, a palavra da condenação (2 Co 3.8-11). Também Moisés e Elias desapareceram, deixando Cristo e os seus discípulos sozinhos (Mc 9.5-8).

Esperança fortalecida pela Palavra

Este versículo também era agradabilíssimo à minha alma: "E o que vem a mim, de modo nenhum o lançarei fora" (Jo 6.37). Oh! que conforto encontrei nas palavras "de modo nenhum"! Era como se Jesus tivesse dito: "De modo nenhum, haja o que houver, não importa o que ele tenha feito". Entretanto, Satanás trabalhou arduamente para tirar essa promessa de mim, dizendo-me que Cristo não se referia a mim e àqueles semelhantes a mim, e sim a pecadores de grau menor, que não tinham feito o que eu fiz. Mas, eu o respondi novamente: Satanás, não há tal exceção nestas palavras; elas dizem "o que vem" (alguém, qualquer pessoa) — "O que vem a mim, de modo nenhum o lançarei fora".

Ainda recordo bem que, de todas as astúcias que Satanás usava para tirar de mim esse versículo, a que ele mais utilizava era a pergunta: "Mas, você vai a Jesus da maneira correta?" Acho que ele me perguntava isso porque pensava que eu entendia perfeitamente bem o significado de vir da maneira correta. Para mim, vir da maneira correta significava vir como eu era, um pecador vil e ímpio, e lançar-me, nesse estado, aos pés da misericórdia, condenando a mim mesmo por meu pecado.

Se alguma vez, em toda a minha vida, Satanás e eu lutamos a respeito de alguma palavra de Deus, foi sobre esta boa palavra de Cristo — Satanás, de um lado; e eu, de outro. Oh! que luta tivemos! Foi a respeito desse versículo do evangelho de João que tanto lutamos. Ele insistia num lado, e eu, em outro; mas, Deus seja louvado, eu o venci, e minha alma foi abençoada com a graça do referido versículo.

A despeito de todo o alívio e das abençoadas palavras de graça, aquele versículo sobre Esaú vendendo seu direito de primogenitura às vezes ainda me angustiava a consciência. Embora eu houvesse sido recentemente confortado, de modo tão gracioso, quando aquele versículo adentrava minha mente, me fazia temer outra vez. Eu não conseguia me livrar dele; ele ficava comigo todos os dias. Então, adotei um procedimento diferente, que consistia em considerar a natureza deste pensamento blasfemo; ou seja, eu daria a cada palavra seu sentido mais amplo, e permitiria que cada uma delas tivesse sua importância e intento naturais. Após ter considerado as coisas desta maneira, achei que, se as palavras fossem tomadas honestamente, corresponderiam a isto: de bom grado eu havia deixado ao Senhor Jesus Cristo a escolha de ser ou não meu Salvador, à semelhança do que aconteceu com as más palavras: "Deixe-o ir, se é isso que ele quer". Então, esta passagem me deu esperança: "De maneira alguma te deixarei, nunca jamais te abandonarei" (Hb 13.5). Ó Senhor, disse, eu te deixei. Novamente, o verso me respondeu: "Mas eu não te deixarei". Também agradeci a Deus por isso. Entretanto, temia que ele me deixasse, e achei extremamente difícil confiar nele, vendo o quanto eu o havia ofendido. Eu teria ficado muitíssimo feliz se esse pensamento nunca me tivesse ocorrido, porque naquele momento, pensei, poderia ter me apoiado sobre a graça dele com maior tranquilidade e mais liberdade. Vi que comigo ocorria o mesmo que ocorreu com os irmãos de José: a culpa de sua própria iniquidade sempre os enchia de temores de que seu irmão, no fim, os desprezaria (Gn 50.15-17).

Todavia, de todas as passagens com que me deparei até aqui, o versículo de Josué 20 que fala do culpado de homicídio, o qual tinha de buscar refúgio, deu-me maior conforto. Se o vingador de sangue o perseguisse, os anciãos da cidade de refúgio não lhe entregariam "nas mãos o homicida, porquanto feriu a seu próximo sem querer e não o aborrecia dantes" (Js 20.5). Ah! Bendito seja Deus por essa palavra! Estava convencido de que eu era o culpado de homicídio e sentia com grande pavor que o vingador de sangue estava me perseguindo. Agora somente me restava perguntar se eu tinha ou não o direito de adentrar a cidade de refúgio. Então, descobri que aquele "que faz emboscada para derramar sangue" não pode entrar. Não o assassino intencional, e sim o que o fez involuntariamente; aquele que o fez sem querer, sem maldade, ou malícia, ou rancor; aquele que derramou sangue inadvertidamente; aquele que não aborrecera seu próximo antes. Pensei: na verdade, sou o homem que deve entrar, pois feri meu próximo "sem querer e não o aborrecia dantes". Não o aborrecia antes; não, eu orava a ele. Em minha consciência, me afligia o pecado que cometia contra ele. De fato, lutei contra essa perversa tentação por doze meses; e, mesmo quando ela surgia em meu coração, isso ocorria involuntariamente. Por essa razão, acreditei ter o direito de entrar na cidade, e os anciãos, que são os apóstolos, não deveriam entregar-me. Isto, por conseguinte, foi um grande conforto para mim e deu-me motivo de esperança.

No entanto, sendo bastante crítico, e visto que minha aflição me deixara tão abatido que eu não sabia qual base era suficientemente sólida para me amparar, tinha uma dúvida que minha alma muito desejou ver esclarecida. A dúvida dizia respeito à possibilidade de pessoas que tivessem cometido o pecado imperdoável receberem o menor conforto espiritual de Deus, por meio de Cristo. Depois de muito considerar o caso, descobri que a resposta era "não", elas não poderiam; e pelas seguintes razões: primeiramente, aqueles que cometeram o pecado imperdoável não podem ter parte no sangue de Cristo; e, estando excluídos desta participação, eles não possuem a mínima esperança nem o conforto espiritual, pois, no caso deles, "já não resta sacrifício pelos pecados" (Hb 10.26). Em segundo lugar, eles não possuem o conforto de Deus porque lhes é negada a participação na promessa da vida eterna: "Não lhe será isso perdoado, nem neste mundo, nem no porvir" (Mt 12.32). Em terceiro, o Filho de Deus os exclui também da participação em sua abençoada intercessão, envergonhando-se deles para sempre, tanto diante de seu Pai como dos santos anjos nos céus (Mc 8.38).

Os impressionantes escritos de Deus

Quando considerei essa questão com bastante cautela, e não pude deixar de concluir que o Senhor me confortara — depois de um pecado perverso como o meu — pensei que poderia me arriscar a abordar os terríveis e impressionantes versículos que me apavoraram tanto durante todo aquele tempo. E, de fato, antes que eu ousasse lançar os olhos sobre eles, tive muita dificuldade em parar de desejar, umas cem vezes, que eles estivessem fora da Bíblia, por pensar que me destruiriam. Mas, nessa altura, comecei a tomar certa medida de coragem para aproximar-me deles, lê-los, meditar neles e ponderar seu significado e propósito. Quando comecei a fazer isso, pareceu-me que a aparência deles havia mudado, uma vez que deixaram de ter o aspecto severo que tinham antes aos meus olhos.

Primeiro, verifiquei Hebreus 6 e tremi ante o medo de que essa passagem me deixasse estarrecido. Mas, depois de refletir sobre ela, descobri que o termo "caíram" significava apostatar – ou seja, conforme entendi, um abandono e uma absoluta negação do evangelho, bem como da remissão dos pecados por Jesus Cristo, visto que o autor começa sua argumentação a partir desses ensinos (Hb 6.4-6). Segundo, descobri que a apostasia acontece abertamente, à vista do mundo, e expõe Cristo à ignomínia. Terceiro, descobri que as pessoas às quais o texto se refere haviam sido deixadas por Deus em permanente cegueira, dureza e impenitência: "É impossível outra vez renová-los para arrependimento".

A partir de todas essas considerações, concluí, para eterno louvor de Deus, que meu pecado não era o pecado referido nesse texto. Primeiro, confessei que havia caído, mas não apostatado, isto é, da profissão de fé em Jesus para a vida eterna. Segundo, confessei que, devido ao meu pecado, havia exposto Jesus Cristo à vergonha, mas não à ignomínia pública; não o neguei diante dos homens, nem o tratei como se ele não tivesse valor ou importância perante o mundo. Terceiro, não achei que Deus me havia lançado fora ou me impedido de ir a ele – embora de fato tivesse achado difícil essa aproximação – em dor e arrependimento. Bendito seja Deus por sua graça insondável!

Depois, considerei as palavras de Hebreus 10 e descobri: (1) que o pecado voluntário mencionado ali não é todo pecado voluntário, e sim aquele que rejeita Cristo e também os seus mandamentos; (2) que o juízo deste pecado deve ser feito abertamente, mediante duas ou três testemunhas, a fim de cumprir as exigências da Lei (Hb 10.28); (3) que este pecado não pode ser cometido sem contristar grandemente o Espírito da graça – menosprezando suas dissuasões quanto à prática deste pecado e suas persuasões no sentido de não cometê-lo. Mas o Senhor sabe que, apesar de meu pecado ter sido realmente vil, não chegou a este ponto.

No tocante a Hebreus 12, que fala a respeito de Esaú vendendo seu direito de primogenitura, embora este fosse o trecho que me destruía e permanecia como uma lança que apontava diretamente para mim, eu agora considerava: (1) o pensamento de Esaú não era um pensamento precipitado que era contrário ao seu caráter. O pensamento de Esaú foi adotado e posto em prática voluntariamente, após muita deliberação (Gn 25.34); (2) foi um ato aberto, público, diante de seu irmão, se não ocorreu também na presença de muitos outros; isso fez seu pecado muito mais abominável; (3) ele continuou a menosprezar sua primogenitura; comeu e bebeu, e seguiu seu caminho; assim, Esaú desprezou seu direito de primogenitura. De fato, vinte anos depois, ele ainda o desprezou: "Então, disse Esaú: Eu tenho muitos bens, meu irmão; guarda o que tens" (Gn 33.9).

Agora, a respeito de Esaú ter buscado lugar de arrependimento, pensei, primeiramente, que não o fizera pela primogenitura, mas pela bênção. O apóstolo deixa isso claro, e o próprio Esaú o evidencia: "Tirou-me o direito de primogenitura", ou seja, no passado, "e agora usurpa a bênção que era minha" (Gn 27.36). Em segundo lugar, tendo chegado a essa conclusão, voltei ao texto para ver qual seria o pensamento de Deus a respeito do pecado de Esaú, do ponto de vista do Novo Testamento. Até onde pude entender, este foi o pensamento de Deus: a primogenitura significava a regeneração e a bênção da herança eterna, como o apóstolo parece sugerir: "Nem haja algum... profano, como foi Esaú, o qual, por um repasto, vendeu o seu direito de primogenitura" – como se tencionasse dizer que as pessoas que agem assim renegam todos aqueles benditos direitos que devem ser vistos como obra de Deus sobre elas, levando-as ao novo nascimento; para que não se tornem como Esaú e sejam rejeitadas posteriormente, ainda que desejem herdar a bênção. Pois há muitos que, no tempo da graça e misericórdia, desprezam essas coisas, que são, de fato, o direito de primogenitura que conduz ao céu. Mas, quando o dia decisivo chegar, eles clamarão como Esaú: "Senhor, abre-nos a porta!" Então, à semelhança de Isaque que não podia reverter a bênção, Deus Pai também não o fará. Ele dirá: "Eu os abençoei, e certamente eles serão abençoados", entretanto, quanto a vocês: "Apartem-se de mim, todos os que praticam iniqüidades" (Lc 13.25-27).

Depois que considerei estes versículos e descobri que entendê-los desta maneira não era contrário, e sim coerente com outros versículos, fiquei mais encorajado e confortado. Isso também enfraqueceu a objeção de que as Escrituras não podiam consentir com a salvação de minha alma. Agora restava apenas a última parte da tempestade. Os trovões haviam passado; somente alguns pingos ainda persistiam e continuariam a cair sobre mim; mas, visto que meus antigos terrores e angústias eram demasiados dolorosos e profundos, isso aconteceria frequentemente, assim como acontece aos que têm medo de fogo. Eu pensava que cada voz dizia: "Fogo! Fogo!"; cada mínimo toque feriria minha sensível consciência.

Eu ainda tinha a consciência um tanto ferida e temia que nem tudo estivesse bem quando, um dia, enquanto andava pelo campo, as seguintes palavras subitamente adentraram minha alma: "Sua justiça está no céu". Além disso, pensei ter visto, com os olhos de minha alma, Jesus Cristo à destra de Deus. Minha justiça estava no céu; de modo que, onde quer que eu estivesse, ou independentemente do que eu fizesse, Deus não poderia dizer a respeito de mim: "Ele necessita da minha justiça", pois minha justiça estava bem diante dele. Além disso, vi que não era meu bom estado de coração que faria minha justiça ser melhor, nem meu estado precário que tornaria pior a minha justiça, uma vez que minha justiça era o próprio Jesus Cristo, que é o mesmo ontem, hoje e para sempre (Hb 13.8).

FINALMENTE, PAZ E CONFORTO!

Agora as correntes caíram de minhas pernas. Fui liberto de minhas aflições e grilhões. As tentações fugiram, de forma que, nesse tempo, aqueles apavorantes versículos pararam de me inquietar. Eu fui para casa rejubilando na graça e no amor de Deus e, quando cheguei, tentei encontrar aquele versículo: "Sua justiça está no céu", mas não consegui. Então, meu coração começou a desanimar novamente; as únicas palavras que vieram à minha mente foram estas: "Mas vós sois dele, em Cristo Jesus, o qual se nos tornou, da parte de Deus, sabedoria, e justiça, e santificação, e redenção" (1 Co 1.30). Destas palavras, percebi que a outra afirmação era verdadeira, pois vi neste versículo que, assim como o homem Cristo Jesus é distinto de nós por sua presença física, assim também ele é nossa justiça e santificação diante de Deus.

Tendo chegado a este ponto, descansei muito confortavelmente, por algum tempo, em paz com Deus por meio de Cristo. "Ah!", pensei, "Cristo, Cristo!" Perante meus olhos, nada havia além de Cristo. Agora eu olhava não somente para este e os outros benefícios de Cristo, tais como seu sangue, morte ou ressurreição, separadamente, mas considerava-o como o Cristo completo, como o único em quem tudo isso e as demais coisas, suas virtudes, relações, ofícios e operações, encontravam-se. Também pensava nele assentado à destra de Deus, no céu. Era glorioso ver sua exaltação, o valor e a vantagem de todos os seus favores, porque agora eu podia olhar de mim para ele e considerar que todas aquelas graças de Deus, ainda novas para mim, eram como aquelas moedas de prata rachadas e os poucos trocados que os homens ricos carregam em suas bolsas, enquanto o ouro que têm encontra-se dentro de seus baús, em casa. Ah! vi que meu ouro estava dentro de meu baú, em casa, em Cristo, meu Senhor e Salvador. Agora Cristo era tudo — toda minha justiça, toda minha santificação e toda minha redenção.

Além disso, o Senhor também me levou ao mistério da união com o Filho de Deus — o mistério de que eu estava unido com ele; era carne de sua carne, e osso dos seus ossos; aquelas palavras em Efésios eram agradáveis para mim (Ef 5.30). Por causa disso, minha fé nele e em sua justiça eram mais confirmadas em mim. Se ele e eu éramos um, então sua justiça era minha; seus méritos eram meus; sua vitória também era minha. Agora podia ver-me no céu e na terra ao mesmo tempo: no céu por meio de meu Cristo, meu cabeça, minha justiça e vida; e na terra, por meu corpo ou pessoa. Agora eu via que Cristo Jesus era contemplado por Deus e que deveria também ser contemplado por nós como aquela pessoa comum ou pública em quem todo o corpo de seus eleitos será sempre contado e considerado; isto é, cumprimos a Lei por meio dele, morremos por meio dele, ressuscitamos dentre os mortos por meio dele, somos vitoriosos sobre o pecado, a morte, o diabo e o inferno, por meio dele.

Quando ele morreu, nós morremos, e o mesmo se dá com a ressurreição. "Os vossos mortos e também o meu cadáver viverão e ressuscitarão", ele diz (Is 26.19). E, novamente: "Depois de dois dias, nos revigorará; ao terceiro dia... e viveremos diante dele" (Os 6.2). Isso foi cumprido ao assentar-se o Filho do Homem à destra da Majestade nos céus; de acordo com aquele versículo de Efésios, Deus nos ressuscitou, "juntamente com ele... e nos fez assentar nos lugares celestiais em Cristo Jesus" (Ef 2.6). Esses abençoados versículos e considerações, bem como muitos outros como eles, cintilaram diante de meus olhos naqueles dias, de um modo que me fizeram dizer: "Louvai a Deus no seu santuário; louvai-o no firmamento, obra do seu poder. Louvai-o pelos seus poderosos feitos; louvai-o consoante a sua muita grandeza" (Sl 150.1-2).

> "Nunca vi tanta abundância e plenitude de graça, amor e misericórdia, como vi depois desta tentação..."
>
> *John Bunyan*

Capítulo 9
A bênção e o benefício da aflição

Capítulo 9
A BÊNÇÃO E O BENEFÍCIO DA AFLIÇÃO

Eu lhe apresentei, em poucas palavras, uma amostra da dor e da aflição que minha alma suportou, devido à culpa e ao terror sob os quais meus perversos pensamentos me fizeram viver. Também lhe dei alguma noção de como fui libertado delas e do agradável e bendito conforto que encontrei posteriormente, o qual permaneceu em meu coração, para minha indizível admiração, por cerca de um ano. Agora, antes de prosseguir, contarei, se Deus quiser, o que entendi ser a causa desta tentação e, depois, que vantagens minha alma tirou de tudo isso.

TENTAÇÃO – SUAS CAUSAS

A respeito das causas, penso que havia principalmente duas, das quais estava profundamente convencido durante todo o tempo em que a aflição permaneceu sobre mim. A primeira era que, quando tive livramento da tentação anterior, não continuei a orar a Deus para me guardar das tentações que viriam. Apesar de poder dizer, em verdade, que minha alma estava em constante oração antes desta provação apoderar-se de mim, orei apenas, ou principalmente, pela remoção das presentes aflições e por novas revelações do amor de Deus em Cristo. Mais tarde, vi que isso não era suficiente; eu também deveria ter orado para que o Deus Todo-Poderoso me guardasse do mal que estaria por vir. Fiquei profundamente ciente disso através da oração de Davi, que, mesmo ao gozar do tempo da misericórdia, ainda orava para que Deus o guardasse do pecado e da tentação que viria: "Serei irrepreensível e ficarei livre de grande transgressão" (Sl 19.13). Por essa mesma palavra, fui entristecido e censurado durante toda esta longa tentação.

Havia outra palavra também, que muito me condenava por minha tolice em negligenciar este dever: "Acheguemo-nos, portanto, confiadamente, junto ao trono da graça, a fim de recebermos misericórdia e acharmos graça para socorro em ocasião oportuna" (Hb 4.16). Eu não havia feito isso e estava, por conseguinte, exposto ao pecado e à queda, como está escrito: "Orai, para que não entreis em tentação". E, de fato, até hoje, isso pesa tanto sobre mim e me inspira tanta admiração, que, ao entrar na presença do Senhor, não ouso levantar-me até que lhe suplico por auxílio e misericórdia contra as tentações por vir. Eu suplico sinceramente a você, meu leitor, que aprenda a acautelar-se de minha negligência para com as aflições que sofri, com dores, por dias e meses e anos.

Outra causa desta tentação foi que coloquei Deus à prova. Foi assim: certa vez, minha esposa estava nos últimos meses de gravidez, e sentia dores fortes e violentas, como as das mulheres em trabalho de parto, apesar de ainda não ser seu momento de dar à luz. Era como se o bebê estivesse para nascer prematuramente. Naquela noite, fui tentado a questionar a existência de Deus. Enquanto minha mulher chorava ao meu lado, eu disse, porém no maior sigilo imaginável, apenas em meu coração: "Senhor, se tirares esta aflição de minha esposa, e fizer com que ela pare de sofrer esta noite – pois naquele momento ela estava cheia de dores – eu saberei que o Senhor pode discernir os pensamentos mais ocultos". Mal tinha acabado de dizer isso em meu coração, e suas dores cessaram, ela caiu num sono profundo e assim continuou até ao amanhecer. Muito me maravilhei com isso, sem saber o que pensar; mas, após ter ficado acordado por bastante tempo e não mais ouvi-la chorar, também adormeci. Quando acordei de manhã, o que havia dito em meu coração me veio de novo à mente e também como o Senhor me mostrara que conhecia meus pensamentos secretos. Por causa disso fiquei perplexo durante várias semanas.

Bem, cerca de um ano e meio depois, aquele pensamento mau, pecaminoso, do qual falei antes, passou por meu perverso coração: "Deixe Cristo ir, se é isso que ele quer!" E, quando eu sentia culpa por esse pensamento, a lembrança do outro pensamento e seu efeito também vinha a mim com uma resposta que carregava em si uma censura: "Agora você pode ver que Deus conhece os mais ocultos pensamentos do coração". Com isso, aquelas passagens que falam dos acontecidos entre o Senhor e seu servo Gideão, me vieram ao espírito. À semelhança de Gideão, que pôs Deus à prova com sua lã, tanto molhada como seca, quando deveria ter crido e confiado nas palavras de Deus, o Senhor o testou posteriormente, de tal forma que o enviou contra uma companhia inumerável de inimigos e, aparentemente, sem qualquer força ou ajuda (Jz 7.7). Foi isso que ele fez comigo, e mereci, pois deveria ter crido em sua Palavra e não ter colocado um "se" perante os olhos onipresentes de Deus.

TENTAÇÃO — SEU FRUTO

Agora quero mostrar-lhe algo sobre as vantagens que também ganhei desta tentação. Em primeiro lugar, ela me fez possuir continuamente em minha alma um maravilhoso senso tanto da bênção e da glória de Deus quanto de seu amado Filho. Na tentação anterior, minha alma estava perplexa com descrença, blasfêmia, dureza de coração, questionamentos acerca do ser de Deus, de Cristo, da verdade da Palavra e da certeza do mundo por vir. Naquela época fui atacado e muito atormentado pelo ateísmo; mas agora as coisas são diferentes; agora Deus e Cristo estavam continuamente diante de mim, não como um conforto, mas como um grande terror e pavor. Neste tempo, a glória da santidade de Deus quebrou-me em pedaços, e o amor e a compaixão de Cristo deixaram-me abatido. Eu só podia considerá-lo como o Cristo perdido e rejeitado e esta lembrança era como o quebrar contínuo dos meus ossos.

As Escrituras também eram maravilhosas para mim. Vi que sua verdade era a chave do reino dos céus. Aqueles que as Escrituras favorecem herdam a felicidade, mas aqueles aos quais elas se opõem e condenam perecem para sempre. Ah! Estas palavras: "A Escritura não pode falhar" rasgavam as partes mais profundas do meu coração; e também estas: "Se de alguns perdoardes os pecados, são-lhes perdoados; se lhos retiverdes, são retidos" (Jo 20.23). Agora eu via os apóstolos como os anciãos da cidade de refúgio (Js 20.4). Aqueles que eles recebiam eram recebidos para a vida; mas aqueles que eles impediam de entrar eram mortos pelo vingador do sangue. Um versículo da Escritura afligia e aterrorizava minha mente — me refiro aos versos que se opunham a mim, e, às vezes, eu pensava que todos eles se opunham — mais do que um exército de 40.000 homens que viesse contra mim. Ai daquele contra quem as Escrituras se voltam!

Esta tentação me fez entender a natureza das promessas, de um modo como nunca entendera antes; agora, eu tremo sob a poderosa mão de Deus, continuamente lacerado pelo trovejar de sua justiça. Isso me fez, com coração cauteloso e olhos vigilantes, virar cada página da Escritura com grande temor e considerar, com muita diligência e tremor, cada versículo, bem como a sua importância e amplitude naturais. Através desta tentação também fui preservado de minha antiga e insensata prática de pôr de lado a palavra da promessa, quando esta vinha à minha mente. Ainda que não pudesse obter da promessa aquele conforto e graça que obtivera outras vezes, eu me agarrava, como um homem prestes a cair, a tudo que visse na promessa. Antes, pensava que não me apropriaria da promessa, se não sentisse o seu conforto, mas agora não era tempo de agir assim; o vingador de sangue me perseguia com muita determinação.

Assim, estava feliz por agarrar-me àquela palavra que, até agora, temia não ter base ou direito de possuir. Temia abraçar calorosamente aquela promessa que eu ainda receava tivesse fechado seu coração contra mim. Também trabalharia a fim de receber a Palavra como Deus a tinha declarado, sem restringir a força natural de nenhuma de suas sílabas. Oh! O que vi no bendito capítulo 6 do evangelho de João: "E o que vem a mim, de modo nenhum o lançarei fora" (Jo 6.37). Agora eu começava a pensar comigo mesmo que isso era grandioso demais para eu entender. Pensei que ele não falou de forma precipitada ou no calor do momento, mas com sabedoria e justiça infinitas; também com fidelidade e verdade genuínas.

Naqueles dias, ao sentir as maiores agonias, muitas vezes eu corria agitado em direção à promessa, assim como os cavalos fazem quando buscam o chão firme, mas ainda estão grudados na lama. Concluí, todavia, como alguém quase privado de suas habilidades mentais devido ao medo, que eu descansaria e ficaria firme na promessa, deixando sua realização para o Deus do céu, que fez a promessa. Oh! meu coração lutou muito contra Satanás por causa daquele abençoado capítulo 6 do evangelho de João! Como em outros tempos, eu agora não buscava principalmente conforto – apesar de que ele seria bem-vindo – e sim uma palavra, uma palavra sobre a qual debruçar uma alma fatigada, a fim de que não perecesse para sempre; era isso que eu buscava. De fato, quando eu olhava para a promessa, muitas vezes parecia que o Senhor rejeitaria minha alma para sempre. Com frequência, era como se eu me tivesse exposto ao perigo e como se o Senhor tivesse me ferido com uma espada flamejante, para afastar-me dele. Então, eu pensava em Ester, que fez uma petição ao rei, contrária ao que a lei permitia (Et 4.16). Também pensava nos servos de Ben-Hadade que foram ao encontro de seus inimigos com cordas ao redor da cabeça, pedindo misericórdia. (1 Rs 20.31-34). A mulher cananéia que não desanimou, mesmo quando Cristo a chamou de "cachorrinho" (Mt 15.22-28) e o homem que à meia-noite pediu pão emprestado também foram grande encorajamento para mim (Lc 11.5-8).

Nunca vi tanta abundância e plenitude de graça, amor e misericórdia como vi depois desta tentação – graça abundante estendida sobre grandes pecados. Onde a culpa é mais terrível e veemente, ali a misericórdia de Deus em Cristo, quando outorgada à alma, se mostra mais sublime e poderosa. Depois que Jó passou pelo seu cativeiro, obteve duas vezes mais o que possuía antes (Jó 42.10). Bendito seja Deus por Jesus Cristo, nosso Senhor! Eu poderia fazer observações a respeito de muitas outras coisas, mas serei breve, e, portanto, as omitirei, e pedirei a Deus que o mal que eu sofri faça outras pessoas terem medo de ofendê-lo, a fim de que não levem o jugo que eu também levei. No instante ou quase no instante de meu livramento desta tentação, tive duas ou três experiências extraordinárias da graça de Deus, sob as quais eu quase não pude manter-me firme. Quando pensava que elas poderiam me alcançar, elas se mostraram tão surpreendentemente grandes, que chego a pensar que, se o conhecimento delas tivesse prolongado sua permanência em mim, seria impossível manter meus afazeres diários.

MAIS SINAIS DA GRAÇA DE DEUS

Agora prosseguirei contando-lhe alguns dos outros procedimentos do Senhor para comigo em várias ocasiões e algumas das tentações com as quais me deparei.

Começarei contando o que enfrentei nas primeiras vezes em que me reuni com o povo de Deus em Bedford. Quando propus à igreja que meu desejo era caminhar em obediência aos mandamentos e às ordenanças de Cristo, juntamente com eles, fui admitido [à comunhão]; e, enquanto refletia sobre a abençoada ordenança de Cristo, de sua última ceia com seus discípulos, antes de sua morte, o versículo "Fazei isto em memória de mim" (Lc 22.19), tornou-se uma mensagem preciosa para mim. O Senhor usou essa mensagem para trazer à minha consciência a revelação de sua morte por meus pecados, e senti como se ele me mergulhasse na virtude dessa mensagem. Entretanto, tornei-me participante daquela ordenança não muito depois que viesse sobre mim uma furiosa e triste tentação. Toda vez que eu participava da ordenança, era tentado a blasfemá-la e desejar que alguma coisa fatal sobreviesse aos que ali estavam. Para que eu não fosse, em tempo algum, culpado de consentir com esses temerosos e perversos pensamentos, fui obrigado a me inclinar, o tempo todo, em oração a Deus, para me guardar de tais blasfêmias; também clamava a Deus a fim de que abençoasse o pão e o cálice que cada um dos irmãos tomava. Desde aquela época penso que a razão dessa tentação foi que não me aproximei da ordenança com a mesma reverência que tive no início. E assim continuei durante nove meses; e nunca tinha sossego nem descanso. Mas, por fim, o Senhor veio à minha alma, usando o mesmo versículo com que me visitara antes. Desde então, geralmente sinto-me bem e confortável em participar dessa bendita ordenança e nela tenho discernido, eu creio, o corpo do Senhor partido por meus pecados e seu precioso sangue derramado por minhas transgressões.

Certa vez, sofri algo parecido com tuberculose. Na primavera, a doença me atingiu, súbita e violentamente, deixando-me com tamanha fraqueza física, que pensei que morreria. Por isso, examinei novamente, com seriedade, meu estado e minha condição para o futuro, e a certeza de minha esperança de viver naquele abençoado mundo vindouro, conforme tinha hábito de fazer sempre - bendigo o nome do Senhor por causa desse hábito -, e especialmente no tempo da aflição, a fim de me esforçar por manter diante dos olhos meu interesse pela vida futura. Contudo, eu mal começara a recordar minha experiência anterior da bondade de Deus quando um inumerável grupo de pecados e transgressões inundou minha mente. Dentre eles, os pecados alistados a seguir eram, nesse tempo, a maior causa de minha aflição: apatia, estupidez e frieza nos deveres espirituais, meus delírios, minha fadiga de todas as boas coisas, minha falta de amor por Deus, seus caminhos e seu povo; e tinha ao final de tudo isso o seguinte pensamento: são estes os frutos do cristianismo? São estes os sinais de um homem a quem Deus abençoou?

Com esses pensamentos, minha doença se tornou duas vezes mais intensa, uma vez que agora também estava doente por dentro; minha alma estava embaraçada pela culpa. Minhas experiências anteriores da bondade de Deus foram arrancadas de minha mente e escondidas, como se elas nunca tivessem existido ou nunca tivessem sido vistas. Minha alma estava embaraçada entre duas considerações: eu não viveria; não ousaria morrer. Meu espírito se abatia e sucumbia; dei tudo por perdido. Mas, enquanto caminhava de um lado para outro em minha casa, como um homem no estado mais deplorável, esta palavra apropriou-se de meu coração: "Sendo justificados gratuitamente, por sua graça, mediante a redenção que há em Cristo Jesus" (Rm 3.24). Ah! que efeito essas palavras causaram em mim! Eu era como alguém despertado de um sono incômodo, de um pesadelo, e ouvi esta sentença celestial como se tivesse falado assim: "Pecador, você pensa que por causa de seus pecados e enfermidades eu não posso salvar sua alma; mas eis que meu Filho está à minha destra, e eu olho para ele, não para você, e lidarei com você conforme o gozo que tenho nele". Nisso, fui grandemente iluminado em minha mente e entendi que Deus pode justificar um pecador a qualquer momento. Somente por meio do seu olhar para Cristo e do atribuir-nos os benefícios de Cristo, a obra foi realizada imediatamente.

Eu estava refletindo assim, quando este versículo também veio, com poder, ao meu espírito: "Que nos salvou... não segundo as nossas obras, mas conforme a sua própria determinação e graça" (2 Tm 1.9). Eu fora recebido nas alturas; me vi nos braços da graça e da misericórdia e, embora antes eu tivesse medo de pensar no momento de minha morte, agora clamava: "Deixe-me morrer!" Agora a morte era amável e bela aos meus olhos, pois via que nunca viveríamos realmente enquanto não fôssemos para o outro mundo. Ah!, pensei, esta vida é uma sombra quando comparada à vida no céu! Nesse tempo, também notei maior significado nas palavras "herdeiros de Deus" (Rm 8.17) – um significado que jamais serei capaz de expressar enquanto viver neste mundo. Herdeiros de Deus! Deus mesmo é a herança dos santos. Isso eu vi e me maravilhei, mas não posso expressar o que vi.

Em outra ocasião, quando estava muito doente e fraco, o tentador me atacou violentamente – acredito que ele é bastante favorável a atacar uma alma quando esta começa a se aproximar da sepultura. Ele lutava para esconder de a minha experiência anterior da bondade de Deus e colocava em minha frente o terror da morte e do juízo de Deus, com tanta intensidade, que nesse tempo, devido ao temor de não entrar no céu, eu morreria. Foi como se eu tivesse morrido antes que a morte chegasse e como se já me sentisse descendo à cova. Pensei ter dito: "Não há outro meio; irei para o inferno". Mas eis que, estando eu em meio a esses temores, as palavras dos anjos levando Lázaro ao seio de Abraão atingiram minha mente como um dardo, como se dissessem: "Assim acontecerá com você, quando deixar este mundo!" Isso revigorou meu espírito e me ajudou a esperar em Deus. Depois que refleti nisso por um período e recebi algum conforto, esta palavra me veio à mente com grande vigor: "Onde está, ó morte, a tua vitória? Onde está, ó morte, o teu aguilhão?" (1 Co 15.55.) Nesse instante, fiquei melhor tanto do corpo como da mente; minha doença desapareceu imediatamente e caminhei de novo sem impedimentos para a obra de Deus.

Em outra ocasião, logo depois de sentir-me muito bem e abençoado, uma grande nuvem escura desceu de súbito sobre mim e escondeu de tal forma as coisas relacionadas a Deus e a Cristo, que era como se eu nunca as tivesse visto ou conhecido. Estava também tão dominado por um espírito insensível e indolente, que não conseguia sentir minha alma mover-se em busca da graça e da vida de Cristo. Era como se minhas juntas tivessem sido quebradas ou como se minhas mãos e pés tivessem sido amarrados. Nesse tempo, também tive uma fraqueza física que tornou a outra aflição ainda mais pesada e desconfortável para suportar.

Depois de passar dois ou três dias nesta situação, estava sentado próximo à lareira e, de repente, ouvi soar em meu coração estas palavras: "Tenho de ir a Jesus". Nesse instante, a antiga escuridão e ateísmo fugiram, e as bênçãos do céu se puseram à minha vista. Enquanto estava tomado por essa surpresa, disse à minha esposa: há algum versículo, em alguma parte, que afirme: "Tenho de ir a Jesus?" Ela disse que não sabia; então, continuei pensando e procurei lembrar tal versículo. Não se passaram mais de dois ou três minutos, quando este veio em disparada à minha mente: "... a incontáveis hostes de anjos". Além disso, o capítulo 12 da epístola aos Hebreus, sobre o monte Sião, foi colocado diante de meus olhos. Então, com alegria disse à minha esposa: "Agora eu sei, eu sei". Aquela noite foi boa para mim; me senti melhor. Eu ansiava pela companhia de alguns do povo de Deus, para que pudesse partilhar com eles o que Deus me havia mostrado. Cristo era precioso para minha alma naquela noite; quase não consegui deitar-me, tanta era a alegria e a paz e o triunfo por meio de Cristo.

Essa glória portentosa não continuou comigo até ao amanhecer, mas o capítulo 12 da epístola aos Hebreus foi uma passagem abençoada para mim, durante muitos dias subsequentes. "Mas tendes chegado ao monte Sião e à cidade do Deus vivo, a Jerusalém celestial, e a incontáveis hostes de anjos, e à universal assembléia e igreja dos primogênitos arrolados nos céus, e a Deus, o Juiz de todos, e aos espíritos dos justos aperfeiçoados, e a Jesus, o Mediador da nova aliança, e ao sangue da aspersão que fala coisas superiores ao que fala o próprio Abel". O Senhor me levou, através desta passagem, várias vezes, primeiro a esta palavra, e depois àquela, e me mostrou a maravilhosa glória de cada um destes versículos. Desde então, estas palavras têm, com frequência, reconfortado meu espírito. Bendito seja Deus por ter misericórdia de mim!

> "Alguns dos santos mais aptos entre nós... perceberam que Deus me... concedera certa medida de habilidade para compartilhar com os outros o que eu entendia da Palavra, a fim de que fossem edificados."
>
> *John Bunyan*

Capítulo 10

A SERVIÇO DE CRISTO

UM PREGADOR DA PALAVRA

Capítulo 10
A SERVIÇO DE CRISTO
UM PREGADOR DA PALAVRA

Até aqui tenho falado sobre a minha experiência pessoal. Agora descreverei, de forma breve, meu modo de pregar a Palavra e os feitos de Deus em mim com relação a isso. Durante cerca de cinco ou seis anos, fui despertado para os interesses espirituais, auxiliado a enxergar minha necessidade de Jesus Cristo nosso Senhor e seu valor e capacitado a confiar-lhe minha alma. Após isso, alguns dos santos mais aptos entre nós — aptos com relação a bom senso e santidade de vida, conforme pensavam — perceberam que Deus me considerara digno de compreender algo de seu propósito em sua santa e bendita Palavra e que ele me concedera certa medida de habilidade para compartilhar com os outros o que eu entendia da Palavra, a fim de que fossem edificados. Portanto, eles desejavam sinceramente que me dispusesse a liderar, algumas vezes, uma das reuniões e falar-lhes uma palavra de exortação.

A princípio, fiquei um tanto desencorajado e desconcertado com o pedido, mas este continuava a ser o desejo deles e imploraram-me para fazê-lo. Portanto, consenti com o pedido deles. Por duas vezes, em reuniões particulares, meus dons fizeram-se evidentes entre essas pessoas, ainda que com muita fraqueza e falibilidade. Nessas reuniões, eles não somente aparentavam, mas também declaravam frequentemente, como se à vista do Deus Todo-Poderoso, que eram tocados e confortados por minhas palavras e davam graças ao Pai das misericórdias pela graça concedida a mim. Depois disso, quando, às vezes, alguns deles iam aos campos para ensinar, perguntavam se eu iria com eles. Apesar de ainda não ousar fazer uso de meus dons publicamente, eu por vezes falava uma palavra de admoestação — em encontros particulares — quando encontrava os crentes daquelas localidades. Eles também recebiam minhas palavras como os outros e regozijavam-se na misericórdia de Deus sobre mim, professando que sua alma tinha sido edificada.

Para ser breve, no devido tempo, uma vez que a igreja ainda desejava e depois de solene tempo de oração ao Senhor, com jejum, eu fui separado e designado para pregações públicas e regulares, não apenas para e entre aqueles que criam, mas também para levar o evangelho aos que ainda não tinham recebido a fé. Nesse tempo, senti uma inclinação secreta para esse chamado, e, graças a Deus, essa inclinação não decorria de vanglória, pois naquele tempo eu era dolorosamente afligido por violentos dardos do diabo concernentes ao meu estado eterno.

Contudo, eu não ficaria contente se não exercitasse meu dom, sendo grandemente estimulado a fazê-lo, não somente pelos desejos contínuos dos piedosos, como também por causa destas palavras de Paulo aos crentes de Corinto: "E agora, irmãos, eu vos peço o seguinte (sabeis que a casa de Estéfanas são as primícias da Acaia e que se consagraram ao serviço dos santos): que também vos sujeiteis a esses tais, como também a todo aquele que é cooperador e obreiro" (1 Co 16.15-16). Esse texto me fez ver que o Espírito Santo nunca pretendeu que as pessoas possuidoras de tais dons e habilidades os enterrem, mas ordena-as que exercitem esses dons e animava-as a fazê-lo. Percebi também que esse texto louvava aqueles que estavam equipados e prontos a fazê-lo. Eles "se consagraram ao serviço dos santos" — naqueles dias, esse versículo me ocorria frequentemente, encorajando-me e fortificando-me em meu trabalho para Deus. Também fui encorajado por muitos outros versículos e pelos exemplos dos crentes piedosos descritos na Palavra e em outras histórias antigas (At 8.4; 18.24-25; 1 Pe 4.10; Rm 12.6).

O TRABALHO DE UM EVANGELISTA

Então, apesar de considerar-me o mais indigno de todos os santos, comecei a trabalhar com grande temor, tremendo à vista de minha própria fraqueza. Entretanto, de acordo com meus dons e a proporção de minha fé, preguei o abençoado evangelho que Deus me mostrara na santa Palavra da verdade. Quando, por meio de diversas informações, as pessoas mais simples tomavam conhecimento da minha pregação, elas vinham de todas as partes, centenas delas, para ouvir a Palavra ser pregada. Agradeço a Deus por ter me concedido certa medida de compaixão por essas almas; tal compaixão me ajudou a trabalhar com grande diligência e seriedade a fim de encontrar uma palavra que, Deus abençoando, lhes tocasse e despertasse a consciência. O bom Senhor apreciou o desejo de seu servo, pois eu não havia pregado muito, e alguns começaram a ser tocados e afligidos, enquanto eram despertados para a grandeza do seu pecado e da sua necessidade de Jesus Cristo.

Considerando-me ainda indigno, não pude acreditar, a princípio, que Deus falaria através de mim ao coração de qualquer pessoa. Contudo, os indivíduos tocados por meio de meu trabalho me amavam e tinham particular respeito por mim. Embora eu não falasse muito sobre o fato de que eles tinham sido despertados para a justiça por intermédio de mim, eles continuavam a confessar e afirmar isso diante dos santos de Deus. Eles também agradeciam a Deus por mim, indigno e miserável como sou, e me consideravam como instrumento de Deus, que lhes mostrara o caminho da salvação. Vendo-os, portanto, tão constantes em palavras e feitos e vendo seu coração ansiar tão sinceramente pelo conhecimento de Jesus Cristo, regozijando-se pelo fato de que Deus me enviara ao encontro deles, comecei a concluir que poderia ser verdade que Deus tivesse posto seu selo sobre um ignorante como eu, para fazer sua obra. Então a Palavra de Deus foi agradavelmente revigorante ao meu coração: "A bênção do que estava a perecer vinha sobre mim, e eu fazia rejubilar-se o coração da viúva" (Jó 29.13). Eu me regozijei com isso; as lágrimas daqueles a quem Deus tinha despertado por meio da minha pregação eram encorajamento e consolo para mim. Ponderei as seguintes palavras: "Quem me alegrará, senão aquele que está entristecido por mim mesmo?" (2 Co 2.2.); e: "Se não sou apóstolo para outrem, certamente, o sou para vós outros; porque vós sois o selo do meu apostolado no Senhor" (1 Co 9.2). Essas coisas eram para mim outra confirmação de que Deus me havia chamado e estava comigo nesta obra.

Quando pregava a Palavra, eu dava atenção especial ao fato de que o Senhor me levou a começar no assunto que é o início da sua Palavra — os pecadores; isto é, condenar toda a carne e mostrar e alegar que, por causa do pecado, a maldição de Deus pela Lei está sobre todas as pessoas, quando elas vêm ao mundo. Cumpri esta parte de minha obra com muita sinceridade, pois os terrores da lei e a culpa por minhas transgressões pesavam em minha consciência. Eu pregava o que sentia, o que sentia tão profundamente, aquilo sob o que a minha pobre alma gemia e tremia, a ponto de espantar-me. De fato, eu era para eles como alguém enviado dentre os mortos; eu fui, em cadeias, para pregar aos que estavam em cadeias e carregava, em minha própria consciência, o fogo sobre o qual os persuadi a ficarem cientes. Posso dizer verdadeiramente, sem hipocrisia, que, ao pregar, subia ao púlpito cheio de culpa e pavor; e somente lá isso sumia, e eu desfrutava de liberdade nos pensamentos até que concluísse meu trabalho. Então, imediatamente, antes mesmo de descer do púlpito, meu senso de culpa e pavor voltavam, na mesma intensidade de antes. No entanto, Deus me sustentava com mão forte, para que nem culpa nem inferno me tirassem daquela obra.

Continuei assim por um período de dois anos, clamando contra os pecados das pessoas e seu pavoroso estado, por causa dos seus pecados. Depois dessas coisas, o Senhor me visitou com certo senso de paz e conforto por meio de Cristo, e deu-me muitas revelações reconfortantes de sua abençoada graça também por meio de Cristo. Por essa razão, mudei minha pregação. Ainda pregava o que via e sentia, mas agora me empenhava para mostrar Jesus Cristo em todos os seus ofícios, relacionamentos e benefícios ao mundo. Também me esforcei por revelar, condenar e remover os falsos amparos e apoios nos quais o mundo confia. Preguei sobre estas coisas na mesma proporção com que preguei sobre as outras.

Paixão pelas almas

Depois disso, Deus levou-me a falar sobre o mistério da união de Cristo, o qual mostrei e proclamei aos meus ouvintes. E após trabalhar nesses três pontos principais da Palavra de Deus, por um período de cinco anos ou mais, fui pego e lançado na prisão, onde tenho permanecido pelo mesmo espaço de tempo ou mais, para confirmar a verdade através do sofrimento, como tinha antes testificado a seu respeito, de acordo com as Escrituras. Agradeço a Deus porque, através da minha pregação e dos exercícios espirituais auxiliares, meu coração sempre clamava com sinceridade a Deus, para que ele tornasse eficaz a Palavra, usando-a para trazer almas à salvação. Ainda me angustiava com receio de que o inimigo retirasse da minha consciência a Palavra, tornando-a infrutífera; então me esforcei por comunicá-la, de um modo que, sendo possível, os pecados fossem expostos e os culpados de cometê-los ficassem sob convicção.

Além disso, quando estava concluindo as pregações, tinha o pensamento de que a Palavra poderia cair como chuva em lugares rochosos. Contudo, ainda tinha este desejo no coração: Oh! se aqueles que me ouviram falar hoje pudessem ver como eu vejo, o que são o pecado, a morte, o inferno e a maldição de Deus; e também o que são a graça e o amor e a misericórdia dele, por meio de Cristo, para pessoas no estado em que elas estão, separadas de Deus! E, de fato, eu sempre dizia em meu coração, diante do Senhor, que se morrer enforcado diante dos olhos daquelas pessoas fosse um meio de despertá-las e firmá-las na verdade, eu, de bom grado, consentiria com isso; pois, ao pregar, especialmente quando expliquei a doutrina da vida em Cristo à parte de nossas próprias obras, parecia que um anjo de Deus esteve de pé atrás de mim para me encorajar. Oh! aquelas verdades vinham sobre mim com tanto poder e persuasão celestial, enquanto trabalhava para revelá-las, demonstrá-las e fixá-las à consciência dos outros, que não me contentava em dizer "creio e tenho certeza"; eu pensava estar mais do que certo, se me é permitido expressá-lo desta maneira, de que as coisas que eu declarava eram absolutamente verdadeiras.

Quando comecei a pregar a Palavra em outros lugares, o alto clero e os ministros de tais regiões se opuseram publicamente a mim. Entretanto, eu estava persuadido a não retribuir mal com o mal; eu queria ver quantos desses que tinham meramente uma profissão de religião superficial eu poderia convencer de seu miserável estado perante a Lei (de Deus) e da sua necessidade de Cristo e do valor dele, pois eu pensava: "Assim, responderá por mim a minha justiça, no dia de amanhã, quando vieres ver o meu salário diante de ti" (Gn 30.33). Nunca tive vontade de interferir nas coisas sobre as quais os santos discutiam, especialmente coisas sem importância; embora gostasse muito de argumentar, com sinceridade, em favor da palavra da fé e da remissão dos pecados pela morte e pelos sofrimentos de Jesus. Quanto a outros assuntos, eu não os discutia, porque via que engendravam rivalidade e porque discuti-los ou deixar de discuti-los não nos aprovaria diante de Deus como sendo dele mesmo. Além do mais, vi que meu trabalho na liderança abriu para mim um canal diferente de serviço, o qual era a proclamação de uma palavra que despertasse e convencesse; então, me retive a ele. Nunca me esforcei nem ousei usar palavras de outros homens (Rm 15.18), apesar de que não condeno quem o faça. Realmente pensei e descobri por experiência própria que as coisas ensinadas a mim pela Palavra e pelo Espírito de Cristo poderiam ser ditas, mantidas e afirmadas pela consciência mais sã e estável. Apesar de que não discutirei aqui tudo que sei a respeito deste assunto, minha experiência tem mais interesse no texto de Gálatas 1.11-12 do que muitos estão cientes.

Se algum daqueles que foram despertados por meu ministério apostatou posteriormente — como, algumas vezes, muitos o fizeram — digo, com sinceridade, que sua perda foi maior para mim do que se meus próprios filhos, nascidos de mim, tivessem descido à sepultura. Acho que posso dizer, sem ofensa ao Senhor, que nada, a não ser o temor da perda da salvação de minha alma, me tocou tão profundamente. Para mim, a salvação deles era como se eu possuísse moradas boas e grandes e terras de senhores ricos naqueles lugares onde meus filhos nasceram. Meu coração tanto se envolveu na glória desse excelente trabalho que me considerei mais abençoado e honrado por Deus do que se ele me tivesse feito imperador do mundo cristão ou o senhor de toda a glória da terra, sem o seu chamado. Oh! estas palavras: "Aquele que converte o pecador do seu caminho errado salvará da morte a alma dele" (Tg 5.20); "O fruto do justo é árvore de vida, e o que ganha almas é sábio" (Pv 11.30); "Os que forem sábios, pois, resplandecerão como o fulgor do firmamento; e os que a muitos conduzirem à justiça, como as estrelas, sempre e eternamente" (Dn 12.3); "Pois quem é a nossa esperança, ou alegria, ou coroa em que exultamos, na presença de nosso Senhor Jesus em sua vinda? Não sois vós? Sim, vós sois realmente a nossa glória e a nossa alegria!" (1 Ts 2.19-20.) Estes e muitos outros versículos semelhantes têm sido revigorantes para mim.

Algumas observações sobre o trabalho ministerial

Tenho observado que, onde trabalhei para Deus, ele trabalhou primeiro em meu espírito e concedeu-me o desejo de pregar. Tenho observado que certas almas, em particular, ligam-se fortemente ao meu coração, e que sou impelido a desejar sua salvação, e que, depois disso, estas mesmas almas são dadas como frutos de meu ministério. Tenho observado que uma palavra dita à parte tem mais efeito num sermão do que todo o resto. Às vezes, quando pensava não ter feito bem algum, fiz o maior bem de todos; e outras vezes, quando pensava que deveria ganhá-los, pesquei mas não apanhei nada.

Também observei que, onde havia trabalho a fazer na vida de pecadores, ali o diabo começava a rugir nos corações, pela boca de seus servos. De fato, sempre que o mundo perverso se enfurecia, almas eram despertadas pela Palavra. Posso mencionar exemplos particulares, mas me absterei de fazê-lo.

Meu grande desejo na realização do ministério era alcançar os lugares do país onde existiam as maiores trevas espirituais, ou seja, trabalhar entre as pessoas que estivessem mais distantes de qualquer profissão de fé. Esse desejo não resultava do fato de que eu não conseguia suportar a luz – eu não tinha medo de proclamar meu evangelho a qualquer um

— e sim porque me inclinava mais ao trabalho de despertar e converter almas e a mensagem que eu levava também se referia mais a esse tipo de pessoa — "Esforçando-me, deste modo, por pregar o evangelho, não onde Cristo já fora anunciado, para não edificar sobre fundamento alheio" (Rm 15.20).

Em minha pregação, tenho realmente sofrido e trabalhado muito, a fim de trazer filhos a Deus; também não me satisfazia antes que algum fruto aparecesse em meu trabalho. Se eu fosse infrutífero, não me importava quem me elogiasse; se eu fosse frutífero, não me importava quem me condenasse. Eu pensava nestas palavras: "Herança do SENHOR são os filhos; o fruto do ventre, seu galardão. Como flechas na mão do guerreiro, assim os filhos da mocidade. Feliz o homem que enche deles a sua aljava; não será envergonhado, quando pleitear com os inimigos à porta" (Sl 127.3-5). Não me alegrava em ver as pessoas absorverem minhas opiniões, se pareciam ignorantes de Jesus Cristo e do valor de ser salvo por ele. Uma convicção correta do pecado, especialmente do pecado de descrença e um coração ansioso por ser salvo por Cristo, um coração que tem um forte desejo por uma alma verdadeiramente santificada — isso era o que me deleitava; essas eram as almas que eu considerava abençoadas.

TENTAÇÕES NO TRABALHO MINISTERIAL

Contudo, nesta obra, como em todas as outras, tive tentações de vários tipos. Às vezes, em meu trabalho, eu era atacado com grande desânimo, medo de não ser capaz de pronunciar uma única palavra de edificação ou até de não conseguir falar qualquer coisa que tivesse sentido para as pessoas. Nessas ocasiões, uma estranha debilidade e falta de vigor sobrevinha ao meu corpo, de modo que minhas pernas mal podiam carregar-me ao lugar onde tinha de falar.

Em outras ocasiões, enquanto estava pregando, era violentamente assaltado por pensamentos blasfemos e fortemente tentado a expressar esses pensamentos em voz alta, na presença da congregação. Algumas vezes, mesmo quando começava a pregar a Palavra com bastante clareza, com testemunho fiel e liberdade de discurso, antes que chegasse ao fim, eu ficava tão desconcertado e desviado das coisas sobre as quais estava falando, e minha locução, tão obstruída, que eu parecia não saber nem lembrar o que estava fazendo ou parecia que minha cabeça estivera numa sacola todo o tempo em que preguei.

Às vezes, quando eu estava para pregar sobre alguma passagem penetrante e desafiante da Palavra, o tentador sugeria: "O quê? Você vai pregar isso? Isso te condena; sua própria alma é culpada disso, não pregue sobre isso de jeito nenhum, ou, se o fizer, interprete e aplique o texto de maneira que lhe permita escapar, a fim de que, em vez de despertar outros, você não coloque tanta culpa sobre sua própria alma, de forma que nunca possa se recuperar". Mas, graças ao Senhor, fui guardado de consentir com tão horrendas sugestões e, à semelhança de Sansão, tenho me inclinado com toda a minha força a condenar a transgressão e o pecado onde quer que os encontre, mesmo que, ao fazê-lo, traga, de fato, culpa sobre minha consciência. Morra eu, pensei, com os filisteus (Jz 16.30), ao invés de lidar de um modo corrupto com a bendita Palavra de Deus. "Tu, pois, que ensinas a outrem, não te ensinas a ti mesmo?" É muito melhor trazer juízo sobre si mesmo, pregando plena e fielmente a outros, do que deter a verdade pela injustiça, a fim de proteger-se do poder condenador da Palavra. Bendito seja Deus por seu socorro também aqui!

Ao realizar esta bendita obra de Cristo, também era frequentemente tentado ao orgulho e à altivez de coração. E, embora não ouse dizer que não fui afetado por estas coisas, o Senhor, em sua preciosa misericórdia, lidou comigo de tal modo que, na maioria das vezes, tive apenas o mais tênue desejo de ceder a essas coisas. A cada dia meu quinhão tem sido o de ser exposto à maldade de meu próprio coração e ser capacitado a ver uma multidão de corrupção e fraquezas que há nele. Isso me tem feito curvar a cabeça de vergonha, diante de todos os meus dons e de tudo que tenho alcançado. Tenho sentido esse espinho na carne, até a misericórdia de Deus para comigo (2 Co 12.8-9).

Algumas observações sobre dons e habilidades

Além disso, me foram mostradas notáveis passagens da Palavra que contêm declarações perspicazes e penetrantes sobre a perdição da alma, a despeito de dons e talentos. Estas palavras, por exemplo, têm sido muito úteis: "Ainda que eu fale as línguas dos homens e dos anjos, se não tiver amor, serei como o bronze que soa ou como o címbalo que retine" (1 Co 13.1). Um címbalo é um instrumento com o qual um músico habilidoso pode tocar melodias alegres e estimulantes, e todos os que o ouvem dificilmente param de dançar. Contudo, o címbalo, por si mesmo, não possui vida nem produz a melodia; esta nasce da habilidade daquele que o toca. No final, o instrumento pode vir a ser nada e perecer, embora melodias tão alegres tenham sido tocadas nele, em tempos passados. Era assim que eu via a situação presente e futura daqueles que possuem dons, mas não a graça salvadora: estão nas mãos de Cristo como o címbalo estava nas mãos de Davi; e, como Davi podia, a serviço de Deus, tirar do címbalo música que elevava o coração dos adoradores, assim Cristo pode usar esses homens habilidosos para tocar a alma de seu povo na igreja e, depois de ter feito tudo que intenta, colocá-los de lado como algo sem vida, apesar de tocarem como címbalos.

Esta consideração, portanto, junto com algumas outras, eliminou, na maioria das vezes, o orgulho e o desejo de vanglória. Eu pensei: como me orgulharei se sou bronze que soa? É valioso ser um violino? O menor dos seres vivos não possui mais de Deus do que esses instrumentos? Além disso, eu sabia que o amor é que nunca morreria, mas os outros dons cessariam e desapareceriam; então, concluí que um pouco da graça, um pouco do amor, um pouco do verdadeiro temor de Deus são melhores do que todos os dons. De fato, estou plenamente convencido de que é possível às pessoas deficientes no falar – ou seja, pessoas de expressão pobre e confusa – possuírem mil vezes mais graça, podendo, assim, descansar mais no amor e no favor do Senhor, do que outros que, pela virtude do dom do conhecimento, podem falar com voz de anjo.

Então, entendi que, apesar de os dons serem bons, em si mesmos, ao propósito para o qual foram designados – a edificação de outros – eles são vazios e desprovidos de poder para salvar a alma daquele que possui o dom, se isso for tudo que ele tem. Os dons também não são sinais de que uma pessoa se encontra num estado de bem-estar eterno, uma vez que eles são dispensados por Deus apenas a alguns que, depois de um breve tempo, devem prestar contas quanto a terem crescido ou não em graça àquele que está pronto para julgar os vivos e os mortos. Isso me mostrou que os dons são perigosos – não em si mesmos, e sim por causa dos males que sobrevêm àqueles que os possuem, isto é, orgulho, desejo de vanglória, presunção, etc. – tudo que pode estimular facilmente o aplauso e os elogios de todo cristão imprudente, colocando em risco a vida de um pobre pecador e, talvez, fazendo-o cair na condenação do diabo.

Vi, portanto, que aquele que possui dons precisa ser iluminado quanto à própria natureza dos dons, ou seja, que estes são insuficientes no que se refere à salvação da alma, a fim de que ele não se fie nos dons e seja destituído da graça de Deus. A pessoa que possui dons tem razões para andar humildemente com Deus, e ser pequeno aos próprios olhos, e lembrar, também, que seus dons não lhe pertencem, e sim à igreja, que por meio dos dons ele se torna servo da igreja e que, no final, ele prestará contas de sua administração ao Senhor Jesus. (Prestar boas contas será uma grande bênção!) Que todos os homens, portanto, avaliem o temor do Senhor. Os dons são, realmente, desejáveis; mas grande graça e pequenos dons são melhores do que grandes dons sem a graça. Isso não significa que o Senhor concede dons e glória, e sim que o Senhor concede graça e glória; e bem-aventurado é aquele a quem o Senhor concede graça, verdadeira graça, pois esta é a verdadeira precursora da glória.

Oposição no trabalho ministerial

Quando Satanás percebeu que suas tentações e assaltos não trariam o resultado desejado – isto é, destruir o ministério e tornar seus frutos ineficazes – ele tentou outro caminho: estimular a mente dos ignorantes e maliciosos para me atacarem com reprovações e acusações caluniosas. Posso dizer que os planos do diabo e seus instrumentos forjados contra mim circulavam de um lado a outro do país, com o objetivo de, como eu já disse, me fazer abandonar o ministério. Entre as pessoas começaram a espalhar-se rumores de que eu era bruxo, um jesuíta, um salteador ou coisa assim. A tudo isso devo apenas dizer que Deus sabe que sou inocente. Mas quanto aos meus acusadores, que se preparem para me encontrar diante do tribunal do Filho de Deus, para responder por todas essas coisas e por suas demais iniquidades, a não ser que Deus lhes conceda arrependimento; e oro com todo meu coração para que ele faça isso.

Mas, o que propagaram com a mais audaz segurança foi que eu tinha amantes, prostitutas, filhos ilegítimos, duas mulheres ao mesmo tempo e coisas desse tipo. Eu me glorio nessas acusações difamatórias, como também nas outras, pois elas não passam de calúnias, mentiras absurdas e abomináveis e falsidades lançadas sobre mim pelo diabo e sua prole. Se, no mundo, eu não passasse por esse perverso caminho, me faltaria uma das características dos santos e dos filhos de Deus. "Bem-aventurados sois", diz o Senhor Jesus, "quando, por minha causa, vos injuriarem, e vos perseguirem, e, mentindo, disserem todo mal contra vós. Regozijai-vos e exultai, porque é grande o vosso galardão nos céus; pois assim perseguiram aos profetas que viveram antes de vós" (Mt 5.11-12).

Por conseguinte, quanto a mim, essas coisas não são causa de aflição – não, ainda que fossem vinte vezes piores do que são. Tenho uma consciência tranquila; e, enquanto falam de mim como um malfeitor, quem acusa falsamente minha boa conduta em Cristo é que deve se envergonhar. Então, o que devo dizer àqueles que me têm desonrado dessa maneira? Devo ameaçá-los? Devo censurá-los? Devo lisonjeá-los? Devo pedir-lhes que retenham sua língua? Não, não devo. Se essas coisas não tornassem seus autores e cúmplices prontos para a maldição, eu lhes diria: "Podem dizer isso, porque assim vocês aumentarão a minha glória". Portanto, tomo essas mentiras e acusações caluniosas como ornamento para minha pessoa; ser difamado, caluniado, censurado e ultrajado faz parte da minha profissão cristã; e, desde que tudo isso é nada, como Deus e minha consciência testificam, regozijo-me em ser censurado por amor a Cristo. Ademais, rogo aos loucos e ímpios que têm feito de sua ocupação o afirmar a meu respeito as coisas já mencionadas – isto é, que tenho vivido uma vida impura ou coisa semelhante – que, ao chegarem ao seu limite ou tiverem feito o mais completo questionamento possível, vejam se podem provar, contra mim, que há qualquer mulher no céu, ou na terra, ou no inferno, que diga que eu tenha em qualquer tempo ou lugar, de dia ou de noite, ao menos tentado qualquer indiscrição ou familiaridade. Estou falando assim para implorar que meus inimigos pensem bem de mim? Não, não estou. Nesse assunto, não implorarei o favor de ninguém. Para mim, tanto faz se acreditam ou não. Meus adversários erraram o alvo quando atiraram em mim. Eu não sou a pessoa a quem buscam. Posso apenas desejar que sejam inocentes. Se todos os fornicadores e adúlteros da Inglaterra fossem pendurados pelo pescoço, até que morressem, John Bunyan, o objeto de sua inveja, ainda estaria vivo e bem. Com exceção de minha esposa, não conheço outra mulher viva debaixo do céu, a não ser pelas roupas que ela veste, por seus filhos ou pela maneira normal de conhecermos as pessoas.

Admiro a sabedoria de Deus nisso, em ele me ter feito prudente a esse respeito, desde a minha conversão até aqui. Aqueles dos quais tenho sido mais intimamente conhecido sabem e podem testemunhar que é raro me verem comportar-me de modo familiar para com mulheres. A forma comum de cumprimentos me é detestável – é repulsivo para mim em quem quer que eu veja. Não posso aprovar ser encontrado sozinho em companhia de mulheres, pois penso que estas coisas são inapropriadas. Quando vejo bons homens cumprimentando as mulheres que eles visitam ou que os visitaram, tenho por vezes levantado objeção a isso. E, quando eles respondem que tal atitude é apenas um ato comum de cortesia, digo-lhes que isso não é uma opinião apropriada. Alguns, de fato, estimulavam o "beijo santo"; então, eu questionava por que eles fazem exceção nessa prática – por que cumprimentam as mais bonitas dessa maneira e ignoram as que não são atraentes. Bem, ainda que tais coisas sejam elogiáveis aos olhos dos outros, são inconvenientes aos meus olhos.

E agora, para concluir este assunto, não apelo somente aos homens, mas também aos anjos que provem se sou culpado de quebrar os votos matrimoniais. Não tenho medo de fazer isso pela segunda vez, sabendo que neste assunto não ofendo o Senhor por rogar-lhe que apresente um relato sobre minha alma, porque sei que nestas coisas sou inocente. Não tenho sido guardado porque há em mim qualquer bem, mais do que existe em outros; mas Deus tem sido misericordioso comigo e me tem preservado. Oro para que ele continue a preservar-me, não apenas disso, mas de todo mau caminho e procedimento, bem como para que ele me guarde até à vinda de seu reino celestial. Amém.

Ora, enquanto Satanás trabalhava por meio de censuras e acusações caluniosas para me fazer parecer desprezível entre os meus compatriotas e para que minha pregação, se possível, não tivesse efeito, também me foi acrescentado um aprisionamento longo e cansativo, que tinha a finalidade de me afugentar do serviço de Cristo e aterrorizar o mundo sobre a idéia de me ouvir pregar. A respeito disso eu lhe darei em seguida um breve relato.

"Fui levado de casa à prisão, onde tenho estado por doze anos completos. Durante todo esse tempo, esperei ver o que Deus permitiria que esses homens fariam comigo."

John Bunyan

Capítulo 11
A SERVIÇO DE CRISTO
UM PRISIONEIRO POR AMOR AO EVANGELHO

Capítulo 11
A SERVIÇO DE CRISTO
UM PRISIONEIRO POR AMOR AO EVANGELHO

Depois de haver feito uma profissão do glorioso evangelho de Cristo por longo tempo e pregado durante quase cinco anos, fui preso numa reunião de bons cristãos, entre os quais, se as autoridades me tivessem deixado, teria pregado naquele dia. Mas fui tirado deles e levado perante um magistrado. Apesar de eu ter oferecido segurança por comparecer às audiências seguintes, ele me encerrou (na prisão), pois as pessoas que deveriam garantir-me fiança não consentiriam em assegurar que eu não mais pregaria às pessoas.

Nas audiências subsequentes, fui acusado de manter assembléias e reuniões ilegais e de não conformar-me ao culto nacional da Igreja da Inglaterra. Depois de alguma discussão com os oficiais da lei, eles consideraram minha conduta honesta para com eles como uma confissão, de acordo com o que chamavam, da acusação pronunciada contra mim e sentenciaram-me à prisão perpétua porque recusei conformar-me. Sendo deixado nas mãos do carcereiro, fui levado de casa à prisão, onde tenho estado por doze anos completos. Durante todo esse tempo esperei ver o que Deus permitiria que esses homens fariam comigo. Pela graça, tenho continuado nestas circunstâncias com muito contentamento, embora tenha enfrentando muita peleja e provação vindas do Senhor, de Satanás e de minha própria corrupção. Por meio de tudo isso – glória seja a Jesus Cristo – tenho recebido, entre outras coisas, muita convicção, instrução e entendimento daquilo que não devo falar detalhadamente aqui. Dar-lhe uma dica ou duas será o bastante – uma palavra que estimule os piedosos a bendizer a Deus e a orar por mim, como também a sentirem-se encorajados a não temer o que o homem pode fazer-lhes, caso se encontrarem em circunstâncias como estas.

A GRAÇA SUSTENTADORA DE DEUS

Em toda a minha vida, nunca tive tão grande discernimento sobre a Palavra de Deus como agora. Aqueles versículos nos quais eu não enxergava nada antes, começaram a reluzir para mim, no cárcere e na condição de encarcerado. Jesus Cristo também nunca foi tão real e evidente como agora. Aqui, eu o tenho visto e sentido de um modo autêntico! Ah! aquelas palavras: "Não vos demos a conhecer o poder e a vinda de nosso Senhor Jesus Cristo seguindo fábulas engenhosamente inventadas" (2 Pe 1.16) e: "Por meio dele, tendes fé em Deus, o qual o ressuscitou dentre os mortos e lhe deu glória, de sorte que a vossa fé e esperança estejam em Deus" (1 Pe 1.21) foram palavras abençoadas para mim, nesta condição de aprisionamento. As seguintes passagens: João 14.1-4, 16.33; Colossenses 3.3-4 e Hebreus 12.22-24 têm sido muito reconfortantes nesta época, de tal modo que, às vezes, o deleitar-me com a riqueza destas passagens, posse me alegrar ante a morte e não temer nem o cavalo nem o cavaleiro.

Neste lugar, tenho tido visões reconfortantes do perdão de meus pecados e da companhia de Jesus no outro mundo. Ah! neste lugar me são agradáveis as visões do monte Sião, da Jerusalém celestial, da inumerável companhia de anjos de Deus, o Juiz de todos, das almas dos justos aperfeiçoadas e de Jesus! Estou persuadido de que neste lugar tenho visto coisas que nunca serei capaz de expressar, enquanto viver neste mundo. Tenho visto uma verdade sublime neste versículo: "A quem, não havendo visto, amais; no qual, não vendo agora, mas crendo, exultais com alegria indizível e cheia de glória" (1 Pe 1.8). Nunca soube o que significava ter Deus ao meu lado em tempo o todo, como o tenho visto fazer desde que vim para cá, mesmo quando Satanás ameaça afligir-me. À medida que os temores se apresentam, tenho apoio e encorajamento. De fato, quando me assusto, ainda que com nada além de minha sombra, Deus, sendo muito terno para comigo, não permite que eu seja maltratado, mas me fortalece, com um ou outro versículo, contra tudo, em tal extensão, que tenho sempre dito que poderia orar, se fosse lícito, pedindo-Lhe uma aflição maior, para receber maior consolação (Ec 7.14; 2 Co 1.5).

Antes de ser preso, percebi o que estava para acontecer e tive especialmente duas considerações em meu coração. A primeira dizia respeito a como enfrentaria a morte, se esta fosse minha sorte aqui. Colossenses 1.11 me foi um grande auxílio para orar a Deus e ser fortalecido "com todo o poder, segundo a força da sua glória, em toda a perseverança e longanimidade; com alegria". Durante todo um ano, antes de ser preso, mal podia orar sem este versículo ou esta súplica graciosa, incutindo-a na mente e convencendo-me de que, se nunca passara por um longo período de sofrimento, devia ser paciente, especialmente se quisesse suportá-lo com alegria.

Quanto à segunda consideração, este outro versículo foi um grande auxílio para mim: "Contudo, já em nós mesmos, tivemos a sentença de morte, para que não confiemos em nós, e sim no Deus que ressuscita os mortos" (2 Co 1.9). Por meio desse versículo, percebi que, se algum dia, eu sofresse da maneira certa, devia antes sentenciar à morte tudo que fosse reputado, apropriadamente, de valor nesta vida, considerando a mim mesmo, minha esposa, meus filhos, minha saúde, minha alegria e tudo mais, como mortos para mim, e a mim mesmo, como morto para elas. Depois, devia viver dependente de Deus, que é invisível. Como Paulo disse em outra passagem, o meio de não desfalecer é não atentar nas coisas que se vêem, mas nas que se não vêem; porque as que se vêem são temporais, e as que se não vêem são eternas!" Foi assim que ponderei comigo: "se eu me preparar somente para a prisão, o chicote virá inesperadamente, e também, o tronco. Se eu me preparar somente para estes, não estarei para ser banido. Além disso, se eu concluir que o exílio é o pior, eu me surpreenderei se a morte vier". Assim, vejo que o melhor meio de passar por sofrimentos é confiar em Deus por meio de Cristo no que diz respeito ao mundo vindouro. E, em relação a este mundo, a melhor maneira de passar por sofrimentos é considerar a sepultura como a minha casa; é fazer minha cama na escuridão — é dizer à corrupção "tu és meu pai", e aos vermes "vós sois minha mãe e minha irmã"; é tornar essas coisas familiares a mim.

A DOR DA SEPARAÇÃO

Apesar dessas ajudas, achava-me um homem cercado de debilidades; a separação de minha esposa e de meus filhos sempre me tem sido como arrancar a carne dos meus ossos, enquanto estou neste lugar. Isso não somente porque amo demais essas grandes misericórdias, mas porque sempre sou lembrado das muitas privações, misérias e da grande falta que minha pobre família provavelmente terá, se eu for tirado deles, especialmente minha pobre filha cega, que está mais perto de meu coração do que qualquer outra coisa. Ah! pensar nas privações que minha filha cega pode passar quebranta o meu coração! Pobre criança, pensei, que sofrimento você provavelmente terá como sua porção neste mundo! Você pode ser esbofeteada, mendigar, passar fome, frio, não ter o que vestir e milhares de outras calamidades, embora eu não possa fazer muito mais que impedir o vento de soprar sobre você. Mas, controlando-me, pensei: devo confiar todos vocês a Deus, mesmo que deixá-los fira-me até ao âmago. Ah, vi que nesta situação, eu era como um homem que derrubava sua casa na cabeça de sua esposa e de seus filhos! Apesar disso, pensei, preciso fazer isso, preciso fazer isso. Então, pensei naquelas duas vacas que carregaram a Arca de Deus para outra terra, deixando seus bezerros para trás (1 Sm 6.10-12).

Várias considerações me auxiliaram nesta tentação, das quais nomearei três em particular. A primeira foi a consideração destes dois versículos: "Deixa os teus órfãos, e eu os guardarei em vida; e as tuas viúvas confiem em mim" (Jr 49.11); e: "Disse o SENHOR: Na verdade, eu te fortalecerei para o bem e farei que o inimigo te dirija súplicas no tempo da calamidade e no tempo da aflição" (Jr 15.11).

Também considerei que, se confiasse tudo a Deus, eu o envolveria no cuidar de minhas preocupações. Mas, se eu rejeitasse seus caminhos, por temer qualquer dificuldade que sobreviesse a mim ou à minha família, não só corromperia a minha profissão de fé, mas também julgaria que minhas preocupações, deixadas aos pés de Deus, enquanto eu permanecia fiel ao seu nome, não estariam tão seguras como se estivessem sob os meus cuidados, embora eu estivesse negando o caminho de Deus. Essa era uma consideração dolorosa, como esporas em minha carne. A passagem da Escritura em que Cristo ora contra Judas, pedindo que Deus o desapontasse nos pensamentos e desejos egoístas que o levaram a vender seu Mestre, ajudou-me a gravar esta convicção. (Leia atentamente Salmos 109.6, etc.)

Tive outra consideração que se referia ao medo dos tormentos do inferno, dos quais eu estava certo de que participariam aqueles que, por medo da cruz, recuam de sua profissão de fé em Cristo e de suas palavras e leis diante das pessoas deste mundo. Também pensei na glória que ele havia preparado para aqueles que, em fé, amor e paciência, permaneceram fiéis no caminho de Cristo diante do mundo. Estas coisas me ajudaram quando caíam dolorosamente sobre mim os pensamentos da miséria à qual tanto eu como minha família poderíamos ser expostos, por causa de minha profissão de fé.

Quando imaginei, de fato, que poderia ser banido por causa de minha profissão de fé, pensei neste versículo: "Foram apedrejados, provados, serrados pelo meio, mortos a fio de espada; andaram peregrinos, vestidos de peles de ovelhas e de cabras, necessitados, afligidos, maltratados (homens dos quais o mundo não era digno)" (Hb 11.37-38). De acordo com o pensamento do mundo, esses homens eram muito maus para habitar e ficar entre eles. Também pensei neste versículo: "Senão que o Espírito Santo, de cidade em cidade, me assegura que me esperam cadeias e tribulações". Verdadeiramente, tenho pensado que é por meio deste versículo que minha alma, às vezes, se convence do estado delicado e triste de ser banido e exilado – como essas pessoas eram expostas à fome, ao frio, a perigos, à nudez, a inimigos e a milhares de calamidades; e, ao fim de tudo isso, a morrer num fosso, talvez, como uma ovelha pobre e desolada. Mas, graças a Deus que, até agora, não tenho sido mudado por esses fracos raciocínios, antes, eles me têm feito confiar meu coração a Deus mais ainda.

UMA TESTEMUNHA FIEL ATÉ AO FIM

Certa vez, eu estava, mais do que em qualquer outro tempo, num estado muito triste e abatido por várias semanas. Nesse tempo, sendo apenas um novo prisioneiro, não familiarizado com as leis, pensei que, de acordo com tudo que eu sabia, meu aprisionamento acabaria na forca. Portanto, Satanás trabalhou arduamente para destruir qualquer confiança e certeza que me restavam, sugerindo: "O que lhe acontecerá, se, ao chegar sua hora de morrer, você ainda estiver nesta condição, ou seja, não se deleitando nas coisas de Deus, nem possuindo em sua alma qualquer evidência de herança na vida por vir?". Nesse tempo, todas as coisas de Deus se escondiam, de fato, de minha alma. Então, quando comecei a pensar sobre isso, fiquei muito aflito, pois achava que, em minha presente condição, não estava pronto para morrer, nem pensava que poderia morrer se fosse chamado a isso. Além disso, pensava que, se fizesse grande esforço para subir as escadas da forca, daria ao inimigo, ou por meus temores, ou por outros sinais de debilidade, uma razão para censurar os caminhos de Deus e o seu povo, por minha timidez.

Isso me afligiu muito, porque eu tinha vergonha de morrer empalidecido e com joelhos trôpegos, numa situação como essa. Então, orei para que Deus me confortasse e fortalecesse, a fim de que eu cumprisse e sofresse aquilo para que ele me chamara. Nenhum conforto veio; tudo continuava oculto. Nesse período, eu estava tão obcecado com o pensamento da morte, que frequentemente me sentia como se estivesse na forca, com uma corda ao redor do pescoço. Nessas circunstâncias, o único pensamento que me trazia algum encorajamento era que eu pudesse ter uma oportunidade de falar minhas últimas palavras a uma multidão que, eu pensava, viria para me ver morrer. Pensei também: se for assim, não considerarei minha vida perdida ou desperdiçada, se Deus converter ao menos uma alma por intermédio de minhas últimas palavras. Entretanto, todos os benefícios e bênçãos de Deus estavam ocultos de minha vista, e o tentador ainda me perseguia, questionando: "Mas aonde você irá quando morrer? O que será de você? Onde você se encontrará no outro mundo? Que evidências você tem de que está de viagem ao céu, à glória e a uma herança entre aqueles que são santificados?" Assim, eu era sacudido de um lado para o outro por muitas semanas; e não sabia o que fazer. Por fim, este pensamento veio sobre mim, com vigor: estou nesta situação por amor à Palavra e aos caminhos de Deus; logo, estou comprometido a não esquivar-me disso nem por um milímetro.

Também pensei que Deus podia escolher se me daria o conforto agora ou na hora da morte; mas não cabia a mim a escolha de manter ou não minha profissão de fé. Eu estava preso, mas ele, livre; o meu dever era permanecer firme ao lado da sua Palavra, embora ele não olhasse para mim nem me salvasse, no final. Então, pensei, se este fosse o caso, eu continuaria e confiaria meu estado eterno a Cristo, sendo eu confortado ou não aqui. Se Deus não fizer nada para me livrar, pensei, vou saltar da escada para a eternidade, mesmo com os olhos vendados, nadarei ou afundarei, venha céu ou inferno. Senhor Jesus, se desejas me tomar, faze-o; se não, arriscarei tudo por teu nome.

Mal havia feito esta resolução, as seguintes palavras entraram em minha mente: "Jó serve a Deus em troca de nada?" Era como se o acusador tivesse dito: "Senhor, Jó não é um homem justo; ele tem outras motivações em servir-te: 'Acaso, não o cercaste com sebe... Estende, porém, a mão, e toca-lhe em tudo quanto tem, e verás se não blasfema contra ti na tua face!'" E agora?, pensei. O sinal de uma alma justa é o desejo de servir a Deus, quando tudo lhe é tirado? O homem piedoso é aquele que serve a Deus em troca de nada, em vez de desistir? Bendito seja Deus, espero que eu tenha um coração justo, pois estou decidido, dando-me o Senhor forças, a nunca negar minha profissão de fé, ainda que nada receba por minhas dores. Enquanto pensava nisso, Salmos 44.12 e outras passagens foram colocadas diante de mim. Agora meu coração estava cheio de consolação e esperava que fosse sincera. Eu não teria trocado esta provação por quase nada; sou confortado toda vez que penso nela e espero bendizer a Deus para sempre pelas coisas que aprendi por meio delas. Eu poderia detalhar muitos outros feitos de Deus para comigo, mas estes, como os despojos da guerra, tenho dedicado à conservação da casa do Senhor (1 Cr 26.27).

Conclusão

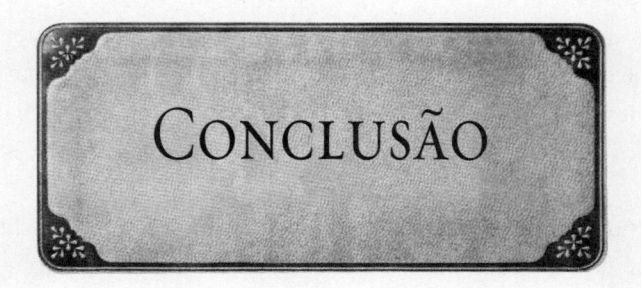

1. De todas as tentações que tenho enfrentado em minha vida, questionar o ser de Deus e a veracidade de seu evangelho é a pior e a mais difícil de suportar. Quando essa tentação surge, tira-me o amparo e remove de meus pés os alicerces. Oh! sempre tenho pensado nestas palavras: "Cingindo-vos com a verdade"; e: "Destruídos os fundamentos, que poderá fazer o justo?"

2. Às vezes, depois de cair em pecado, quando esperava castigo severo da parte de Deus, a próxima coisa que recebia dele era a revelação de sua graça. Por vezes, ao ser confortado, tenho me chamado de tolo, por me afundar tanto em aflição; e, novamente, quando abatido, essas coisas pesam sobre mim com tanta intensidade e força, que não acho sábio dar lugar ao conforto tão facilmente.

3. Muito me questiono sobre uma coisa: embora Deus conceda à minha alma uma abençoada revelação de si mesmo, descobri, nas horas seguintes, que meu espírito se enche tanto de escuridão, que perco todo pensamento a respeito de quem Deus é ou do que era aquele conforto com o qual eu fui revigorado.

4. Às vezes, vejo tanto em uma linha da Bíblia que mal posso dizer como permanecer de pé sob o seu peso e glória; outras vezes, a Bíblia inteira é como um caniço seco para mim, ou melhor, meu coração fica tão morto e seco, que não posso extrair dela a menor consolação, ainda que a busque em todas as partes da Escritura.

5. De todos os temores, os melhores são os causados pelo sangue de Cristo; de todas as alegrias, a mais doce é aquela que está unida com o pranto a respeito de Cristo. Oh! como é bom estar de joelhos, com Cristo em nossos braços, diante de Deus! Espero que eu saiba alguma coisa disso.

6. Até hoje, encontro sete abominações em meu coração: (1) inclinação à descrença; (2) esquecimento súbito do amor e da misericórdia que Cristo manifesta; (3) inclinação às obras da lei; (4) distração e frieza na oração; (5) esquecer de observar aquilo pelo que orei; (6) disposição para murmurar por não ter mais e prontidão a abusar daquilo que tenho; (7) incapacidade de fazer as coisas que Deus me ordena, sem que a natureza pecaminosa me faça sentir a sua presença: "Não faço o bem que prefiro, mas o mal que não quero, esse faço".

7. Vejo e sinto continuamente essas coisas, pelas quais sou afligido e oprimido. Entretanto, a sabedoria de Deus as ordena para o meu bem: (1) elas me fazem detestar e abominar a mim mesmo; (2) impedem-me de confiar em meu coração; (3) convencem-me da insuficiência de toda retidão inerente; (4) mostram-me a necessidade de correr para Jesus; (5) compelem-me a orar a Deus; (6) mostram-me a necessidade de vigiar e ser sóbrio; (7) estimulam-me a orar a Deus, por meio de Cristo, para que me auxilie e conduza neste mundo.

EPÍLOGO

As informações seguintes são adaptadas do livro *Bunyan's Life and Times* (*A Vida e a Época de Bunyan*), escrito pelo Rev. Robert Philip.

Eventualmente, Bunyan foi libertado da prisão por meio da intervenção de um *quacre* chamado Whitehead, que apelou ao rei em seu favor. Quando foi solto, Bunyan logo se tornou um dos pregadores mais populares daqueles dias. E, de acordo com Southey, Bunyan era "o mestre", talvez o capelão, do senhor John Shorter, o prefeito de Londres.

Mas, apesar de ser livre e popular, Bunyan temia cada nova crise nos afazeres públicos; e tinha razão para isso. A severidade dos primeiros seis anos de seu aprisionamento aumentaram como resultado de uma conspiração liderada por um homem chamado Venner. Na ocasião do Grande Incêndio de Londres, em 1666, ele foi lançado na prisão novamente. E logo que James II subiu ao trono em 1685, Bunyan fez um documento legal que transferia toda a sua propriedade à esposa. Esta ação pode ser explicada tão-somente por suas suspeitas quanto ao rei, ao notório Juiz Jeffreys e ao seu horror à revogação, na França, do Edito de Nantes, que concedeu liberdade religiosa aos protestantes. O fato de que alguns refugiados da perseguição na França encontraram abrigo na Inglaterra não provou a Bunyan que ele estava seguro, especialmente porque os magistrados de Bedford que o prenderam ainda estavam no poder. Foi sob essas circunstâncias que ele se despojou de toda a sua propriedade, a fim de salvar sua família daquilo que ele novamente poderia ser vítima. Essa atitude mostra sua preocupação com o conforto de sua esposa, bem como sua confiança na cuidadosa administração que ela faria de seus bens – uma confiança que a evidência da história mostra ter sido bem merecida.

Não importando o que Bunyan temia, quando se despojou da pequena propriedade que possuía, nada lhe aconteceu no reinado de James II. Ele publicou *The Pharisee and Publican* (O Fariseu e o Publicano) em 1685, ano da ascensão do rei; e sabemos de seu publicador, Charles Doe, que em 1688 Bunyan publicou seis livros, cinco dos quais eram volumes extensos. Tem sido sugerido que o esforço de produzir seis livros em tão curto espaço de tempo pode ter acelerado a sua morte. Doe lembra que ele contraíra uma doença febril (ou, usando as próprias palavras de Doe, "uma doença de transpiração") "depois de publicar seis livros; e isso, após algumas semanas, causou a sua morte". Portanto, parece que ele já tinha a saúde debilitada quando viajou para Reading, o que foi a causa imediata de sua morte.

Quanto ao relato da viagem final, agradecemos ao senhor Ivimey, que a descreveu como "uma obra de amor e caridade". Ele nos conta: "Um jovem cavalheiro, vizinho do senhor Bunyan, caindo no desprazer de seu pai e sendo muito afligido por isso e por ouvir que seu pai tencionava deserdá-lo ou, de alguma outra maneira, privá-lo do que tinha a deixar, pediu a Bunyan que intercedesse por ele junto a seu pai. John Bunyan concordou de boa vontade em fazer isso e foi a Reading, em Berkshire, com esse propósito. Lá Bunyan foi bem sucedido em reconciliar pai e filho".

Quando retornou a Londres, a cavalo, após cumprir sua missão, uma forte tempestade o surpreendeu. E, quando ele chegou ao lugar onde se hospedara estava encharcado. Uma notícia no *Sketch*, preservada no Museu Britânico, descreve o que se seguiu: "Voltando tarde a Londres, foi entretido por um senhor chamado Strudwick, um merceeiro em Snow Hill, com todos os tipos de agrados de um amigo cordial. Mas logo sentiu-se indisposto com um tipo de tremor, como se estivesse com uma febre que sempre aumentava. O merceeiro o levou para sua cama, onde, piorando, Bunyan viu que não duraria muito neste mundo e, portanto, preparou-se para o mundo vindouro, rumo ao qual estivera viajando como um peregrino e estrangeiro sobre a terra nos melhores de seus dias".

O Rev. Robert Philip descreve como Bunyan suportou esta última doença: "Com muita constância e paciência, expressando-se como se não desejasse nada mais do que partir e estar com Cristo, considerando isso como ganho e a vida, apenas como uma entediada demora da felicidade esperada. Vendo que suas forças decaíam, ele cuidou de suas ocupações terrenas conforme permitiam o curto espaço de tempo e a violência da enfermidade. E, após a doença que se estendeu por dez dias, entregou sua alma, com confiança inabalável, aos 31 de agosto de 1688, aos 60 anos de idade, nas mãos de seu misericordioso Redentor, seguindo o seu Peregrino, da Cidade da Destruição para a Nova Jerusalém", onde Bunyan muito sinceramente desejou estar.

Sua sepultura encontra-se em Bunhill Fields, em Londres. Seu chalé, em Elstow, apesar de modernizado, agora é um museu conservado substancialmente do modo como Bunyan o deixou. Sua cadeira, sua moringa, seu Livro dos Mártires, o Livro da Igreja e outras relíquias são cuidadosamente preservados na capela de Bedford, na qual ele ministrou fielmente. Seus escritos continuam a ser lidos por muitos e a abençoar muitas pessoas pelo mundo.

FIEL MINISTÉRIO

O Ministério Fiel visa apoiar a igreja de Deus, fornecendo conteúdo fiel às Escrituras através de conferências, cursos teológicos, literatura, do ministério Adote um Pastor e de conteúdo online gratuito.

Disponibilizamos em nosso site centenas de recursos, como vídeos de pregações e conferências, artigos, e-books, audiolivros, blog e muito mais. Lá também é possível assinar nosso informativo e se tornar parte da comunidade Fiel, recebendo acesso a esses e outros materiais, além de promoções exclusivas.

Visite nosso site
www.ministeriofiel.com.br

LEIA TAMBÉM

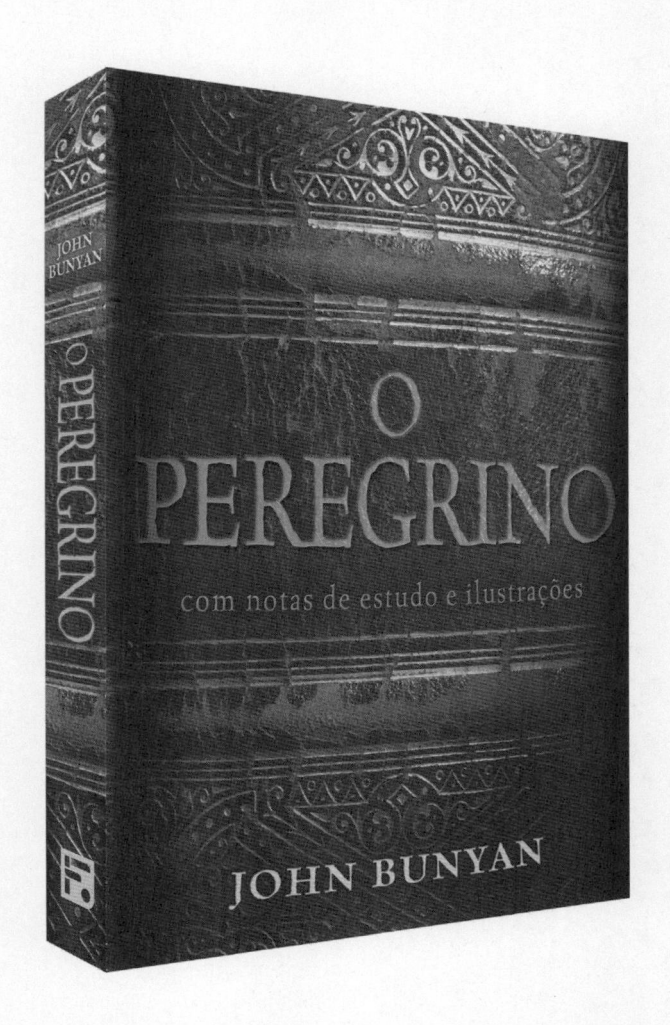

O PEREGRINO

com notas de estudo e ilustrações

JOHN BUNYAN

Esta obra foi composta em Goudy Old Style Regular 10.8, e impressa
na Promove Artes Gráficas sobre o papel Pólen Natural 70g/m²,
para Editora Fiel, em Julho de 2024.